Mustafa Barak

Haftung für die Verschleppung und Zerstörung von Kulturgütern unter besonderer Berücksichtigung des Islamischen Staats

Mustafa Barak

Haftung für die Verschleppung und Zerstörung von Kulturgütern unter besonderer Berücksichtigung des Islamischen Staats

Tectum Verlag

Mustafa Barak

Haftung für die Verschleppung und Zerstörung von Kulturgütern unter besonderer Berücksichtigung des Islamischen Staats

ISBN: 978-3-8288-3944-1

Printed in Germany

Besuchen Sie uns im Internet
www.tectum-verlag.de

Bibliografische Informationen der Deutschen Nationalbibliothek
Die Deutsche Nationalbibliothek verzeichnet diese Publikation in der Deutschen Nationalbibliografie; detaillierte bibliografische Angaben sind im Internet über http://dnb.ddb.de abrufbar.

Ich widme diese Arbeit meinen Eltern, sowie meinen Geschwistern.

Ein großes Dankeschön geht an meine Korrekturleser(innen): Anna Andrahanov, Susanna Roßbach, Yesim Toker, Maximilian Ingwersen und Yunus Arslan.

Gliederung

A. Erster Teil: Einleitung – Problemstellung

Die Verschleppung und Zerstörung von Kulturgütern ist eine „kulturelle Amputation", die unheilbare Wunden verursacht.[1] Mit diesem Satz ist die prekäre Lage des Kulturgüterschutzes gut beschrieben.

Der Kulturgüterschutz stellt ein wesentliches und unentbehrliches Zeichen einer Zivilisation dar. Kulturgüter sind unwiederbringliche Zeugnisse geistiger und kultureller Vergangenheit und teilweise von einem unschätzbaren materiellen Wert. Sie charakterisieren die Identität und das Selbstverständnis einer Gemeinschaft.[2] Aus diesem Grund ist es ein exorbitantes Verlangen der Gesellschaft, Kulturgüter zu schützen.

Seit der Antike stellen Plünderungen und Zerstörungen von Kulturgütern im Krieg eine Trophäe des Sieges dar. Sie sind ein Bestandteil der jahrhundertelangen Kriegskunst, die sich mit der Zeit entwickelt hat. Erst spät haben die Menschen verstanden, dass Kulturgüter geschützt werden müssen. Im Jahre 1874 mit Art. 8 der Brüsseler Konferenz[3] wurde daher zum ersten Mal der Umgang mit Kulturgütern geregelt.[4]

Nach dieser Konferenz entstanden einige völkerrechtliche Regelungen, die den Handel, die Plünderung und auch die Zerstörung verboten. Trotz dieser Regelungen sind Kulturgüter, auch zur modernen Kriegszeit, verschleppt und zerstört worden.

Das neueste Beispiel ist der sogenannte „Islamische Staat". Sowohl im Irak als auch in Syrien wurden in den Jahren 2014 und 2015 unzählige Kulturgüter zerstört. Um sich selbst zu finanzieren hat der „Islamische Staat" Kulturgüter in andere Staaten verschleppt um sie dort zu verkaufen. Das moderne Völkerrecht hat den Kulturgüterschutz zwar erweitert. Fraglich ist allerdings, ob die völkerrechtlichen Regelungen ausreichend sind, und inwiefern sie den „Islamischen Staat" betreffen.

Problematisch ist auch die Rückführung solcher Kulturgüter in Friedenszeiten.

Aus diesem Grund ist der Hauptbestandteil der vorliegenden Arbeit der Haftung für die Verschleppung und Zerstörung von Kulturgütern gewidmet. Dabei soll zunächst der „Kulturgüterbegriff", der sehr vielschichtig ist, erklärt werden. Darüber hinaus werden Haftungstatbestände bezüglich der Verschleppungen und die jeweilige Staatenverantwortlichkeit erläutert. Sodann wird die Haftung für die Zerstö-

---

1 *Savoy, Bénédicte*: http://www.faz.net/aktuell/feuilleton/debatten/beutekunst-liebesgruss-aus-moskau-1926035.html (Abruf: 14.06.2017).

2 *Odendahl*, Kulturgüterschutz, S. 7.

3 Abgedruckt: *Strebel*, ZaöRV 1955/1956, S. 76 f.

4 Mehr zu Brüsseler Konferenz: *Merryman*, AJIL 1986, S. 834.

rung der Kulturgüter im Hinblick auf den „Islamischen Staat“ dargestellt. Zuletzt soll die Haftung für den illegalen Kulturgüterhandel geklärt und mögliche Schutzmaßnahmen gegenüber dem „Islamischen Staat“ dargestellt werden.

B. Zweiter Teil: Was sind „Kulturgüter"?

Zunächst ist zu überprüfen, was genau Kulturgüter darstellen. Dies muss sowohl historisch, als auch inhaltlich betrachtet werden. Dabei ist zu beachten, dass eine völkerrechtliche Haftung nur entstehen kann, wenn genau bestimmt wird, was ein „Kulturgut" ist.

I. Rechtliche Regelungen im Völkerrecht

1. „Lieber-Code" für die Unionstruppen im amerikanischen Bürgerkrieg von 1863

Der „Lieber-Code" wurde am 24. April 1863 veröffentlicht und galt bis 1914. Verfasst wurde er im Auftrag Abraham Lincolns von Francis Lieber für die amerikanischen Unionstruppen. Dieser ist ein sogenanntes „national manual of military law"[5], also ein Handbuch zur Vermittlung von rechtlichen Regeln der Streitkräfte[6] oder auch einfach eine „völkerrechtliche Dienstvorschrift".[7] Dieser stellt die Übertragung von Rechten und Pflichten des Militärs in einem Krieg dar.[8] Insoweit sollte das Militär sich an gewisse Maxime halten, und eine ordentliche Kriegsführung sollte gewährleistet werden.

Zwar existiert im Lieber-Code keine explizite Regelung zum Kulturgüterschutz, dennoch hat er das moderne Kriegsvölkerrecht stark beeinflusst und könnte sogar als dessen Vorreiter gesehen werden[9]. So heißt es,: „the roots of the modern law lie in the 1860s"[10]. Der Lieber-Code stellt also den Ursprung des „Haager Rechts" dar.[11]

---

5 *Roberts/Guellf*, Documents of the Laws of War, S. 12.

6 *Vöneky*, ZaöRV, 2002, S. 424.

7 *Greenwood*, in: *Fleck*, Handbuch des humanitären Völkerrechts in bewaffneten Konflikten, S. 15.

8 *Greenwood*, in: *Fleck*, Handbuch des humanitären Völkerrechts in bewaffneten Konflikten, S. 15.

9 *Vöneky*, ZaöRV, 2002, S. 423.

10 *Carnahan*, Lincoln, Lieber and the Laws of War, S. 213.

11 *Greenwood*, in: *Fleck*, Handbuch des humanitären Völkerrechts in bewaffneten Konflikten, S. 15.

2. Die ersten internationalen Abkommen: Haager Reglement von 1899 und 1907

Am 29. Juli 1899 wurde zum ersten Mal der Kulturgüterschutz Gegenstand eines völkerrechtlichen Übereinkommens. Mit der Konvention von Den Haag wurden sodann die Gesetze und Gebräuche des Landkriegs kodifiziert.[12]

Zu beachten ist aber, dass bereits im Jahre 1874, durch einen Impuls Zar Alexanders II., eine internationale Konferenz zustande gekommen ist, die das Recht des Landkriegs regeln sollte. Dort fand der Kulturgüterschutz zum ersten Mal Berücksichtigung.[13] Hierbei ging es in erster Linie nicht um den Kulturgüterschutz, sondern um die Frage der Bewaffnung der Zivilbevölkerung.[14] Dies war die sogenannte „Brüsseler Deklaration", die aber nie kodifiziert wurde.[15]

Am 18. Oktober 1907 wurde sodann das Haager Abkommen geschlossen. Nach Art. 27 HLKO[16] sollen bei Belagerungen und Beschießungen alle erforderlichen Vorkehrungen getroffen werden, um die dem Gottesdienst, der Kunst, der Wissenschaft und der Wohltätigkeit gewidmeten Gebäude, die geschichtlichen Denkmäler, Hospitäler und Sammelplätze für Kranke und Verwundete soviel wie möglich zu schonen. Voraussetzung ist aber, dass sie nicht gleichzeitig zu einem militärischen Zwecke Verwendung finden. Zwar werden hier schützenswerte Gebäude und bestimmte Plätze aufgezählt, dennoch liegt hier noch keine allgemeine Definition des Begriffs Kulturgut vor. In Art. 56 HLKO hingegen werden solche Gebäude und Plätze aufgezählt, aber in einer Perikope des Art. 56 HLKO ist benannt, dass jede Beschlagnahme, jede absichtliche Zerstörung oder Beschädigung von derartigen Anlagen, von geschichtlichen Denkmälern oder von Werken der Kunst und Wissenschaft untersagt ist. Zum ersten Mal werden auch bewegliche Gegenstände in Form von Kunst- und Wissenschaftswerken einbezogen. Allerdings ist auch hier keine generelle Definition des Begriffes des Kulturschutzes erkennbar.

3. Haager Konvention von 1954

In der Haager Konvention am 14.05.1954 zum Schutz von Kulturgut bei bewaffneten Konflikten trennt die Konvention zwischen der Respektierung des Kulturguts einerseits und dessen Sicherung andererseits.[17] In Art.1 HK-1954[18] wird Kulturgut

---

12 *Hammer*, in: *Martin/Krautzberger*, Denkmalschutz und Denkmalpflege, Teil A, Einführung, Rn. 61.

13 *Hammer*, in: *Martin/Krautzberger*, Denkmalschutz und Denkmalpflege, Rn. 61.

14 *Unverhau*, Der Schutz von Kulturgut bei bewaffneten Konflikten, S. 22.

15 *Schindler/Toman*, The Laws of Armed Conflicts, S. 25-26.

16 Sind Gesetze der Haager Landkriegsordnung vom 18. Oktober 1907.

17 *Engstler*, NJW 1969, S. 1514.

legaldefiniert. Danach ist Kulturgut im Sinne dieser Konvention, ohne Rücksicht auf Herrschaft und Eigentumsverhältnisse gemäß Art.1 lit. a) HK-1954 bewegliches oder unbewegliches Gut, das für das kulturelle Erbe aller Völker von großer Bedeutung ist, wie z.B Bau-, Kunst oder geschichtliche Denkmale religiöser oder weltlicher Art, archäologische Stätten, Gebäudegruppen, die als Ganzes von historischem oder künstlerischem Interesse sind (...).

Im Vergleich zur HLKO wurde hier zum ersten Mal definiert, was genau Kulturgüter darstellen, und es wurde erstmalig ein Regelwerk auf internationaler Ebene geschaffen, welches sich ausschließlich mit dem Kulturgüterschutz befasst.[19] Des Weiteren wurden nun auch die archäologischen Stätten hinzugefügt, welche in der HLKO noch nicht benannt worden waren.

Fraglich ist allerdings, worauf genau der Kulturschutz abzielt. Es könnte sich zum einen um Kulturgut des „einzelnen Volkes" oder zum anderen auch um Kulturgut „aller Völker" handeln. Dabei ist zu bemerken, dass die englische Fassung[20] darauf anspielt, dass der Schutz jedem Kulturgut zukommen soll, welches für jedes einzelne Volk von besonderer Bedeutung ist. Die französische Fassung[21] hingegen lässt eine große Bedeutung der Kulturgüter für alle Völker genügen.

Sodann ist Art.1 lit. a) HK-1954 als Leitbegriff, unter Beachtung der Präambel, auszulegen.[22] Es ist unmaßgeblich, welchem Volk das Kulturgut gehört, denn eine Schädigung von Kulturgütern betrifft mithin das kulturelle Erbe der ganzen Menschheit.[23]

So legen die Amerikaner einen größeren Wert auf ihre Freiheitsglocke als beispielsweise Ausländer.[24] Oder die Kom[25] legen einen genauso großen Wert auf

---

18 Haager Konvention zum Schutz von Kulturgut bei bewaffneten Konflikten vom 14.05.1954; Text: Bundesgesetzblatt Teil II, 1967 Nr.17, S. 1233.

19 *Strebel*, ZaöRV, 1955/1956, S. 36; *Buhse*, Der Schutz von Kulturgut im Krieg, S. 50 f.

20 Convention for the Protection of Cultural Property in the Event of Armed Conflict with Regulations for the Execution of the Convention 1954, Art. 1 a) *„moveable or immovable property of great importance to the cultural heritage of every people".*

21 La Convention pour la protection des biens culturels en cas de conflit armé, Art.premier a) „Les biens, meubles ou immeubles, qui présentent une grande importance pour le patrimoine culturel des peuples"

22 *Hönes*, DÖV, 1998, S. 988.

23 *Hönes*, DÖV, 1998, S. 988.

24 *Merryman*, The Public Interest in cultural Property, Cal.LR Vol.77, S. 342.

25 Indigene Bevölkerungsgruppe im Nordwesten von Kamerun.

ihre „Afo-A-Kom" Statue[26] wie die Italiener auf ihre Kunstwerke aus der Zeit der Renaissance.[27]

Der Kulturgüterschutz wäre also geschmälert, wenn dieser nur für wenige Kulturgüter des jeweiligen Volkes gelten würde, obwohl er für alle Völker genau die gleiche Bedeutung hat.[28]

Alles in allem ist also das kulturelle Erbe aller Völker der entscheidende Faktor. Der Kulturgüterschutz ist hier also ein unbestimmter Rechtsbegriff, der die zu schützenden kulturellen Objekte einschränkt.[29] Art 1 lit. a) HK-1954 ist hier als Leitbegriff zu sehen. Die danach folgenden Ausführungen sind Aufzählungen einzelner Gruppen.

Der wichtige Unterschied zwischen der HK-1954 und der HLKO liegt darin, dass es sich bei Art. 1 HK-1954 nicht um eine reine Aufzählung von kulturellen Gütern handelt, sondern eine Legaldefinition enthalten ist, in der spezielle Eigenschaften von Kulturgütern dargestellt werden.

4. UNESCO[30]-Übereinkommen von 1970 und 1972

a) UNESCO-Konvention 1970

Völkerrechtlich gesehen ist die UNESCO-Konvention vom 14. November 1970 über Maßnahmen zum Verbot und zur Verhütung der unzulässigen Einfuhr, Ausfuhr und Übereignung[31] wohl als wichtigstes multilaterales Instrument auf dem Gebiet des Kulturgüterschutzes zu sehen.[32] Sinn und Zweck ist es das vorhandene Kulturgut vor den Gefahren des Diebstahls, der unerlaubten Ausgrabung und der unzulässigen Ausfuhr zu schützen.[33] Die Einleitung zur Konvention beinhaltet sowohl nationale als auch internationale Ziele.[34] Zudem soll die Konvention ein-

---

26 Die Afo-A-Kom Statue hatte für die Kom eine wichtige Bedeutung religiöser Art und verschwand mysteriöserweise aus Kamerun und tauchte auf dem Kunstmarkt in der USA wieder auf. Die Statue wurde zurück nach Kamerun gebracht und gilt dort als „Art of the Cameroons" (Time, Vol. 102, No. 19, 5. November 1971, S. 117).

27 *Merryman*, The Public Interest in cultural Property, Cal.LR Vol.77, S. 342.

28 *Friehe*, in: *Gornig/Schiller/Wesemann*, Völkerrechtliche Haftung im Kulturgüterschutzrecht, S. 33.

29 *Hönes*, DÖV, 1998, S. 989; *Odendahl*, Kulturgüterschutz, S. 387.

30 Bedeutet: United Nations Education, Scientific and Culutural Organization.

31 Text: Bundestag Drucksache VI/3511.

32 *Jaeger*, Internationaler Kulturgüterschutz, S. 19.

33 Präambel Abs. 5 zum Übereinkommen über Maßnahmen zum Verbot und zur Verhütung der unzulässigen Einfuhr, Ausfuhr und Übereignung von Kulturgut.

34 *Gordon*, Harward International Law Journal, S. 541.

zelne Staaten beim Schutz ihres Kulturerbes unterstützen und durch den Austausch von Kulturgütern zwischen den Staaten sollten Hindernisse für die Völkerverständigung beseitigt werden, die durch die Ausbeutung der Kulturgüter durch einen fremden Staat entstehen.[35]

Nach der UNESCO-Konvention von 1970 sollen für Kulturgüter im Rahmen einer Kategorisierung generelle Beschreibungen abgegeben werden, was Kulturschutz genießt, ohne dabei konkrete Kulturgüter zu benennen. Diese Methode nennt sich „Kategorisierungsprinzip" und hat den Vorteil, dass sie auch Objekte erfasst, die nicht bereits individualisiert worden sind. Ein Nachteil ist allerdings, dass bei unbestimmten Rechtsbegriffen Subsumtionsprobleme entstehen.[36]

b) UNESCO-Übereinkommen 1972

In der Definition für das Übereinkommen zum Schutz des Kultur- und Naturerbes vom 23. November 1972[37] werden nicht nur Kulturgüter von besonderem Wert, sondern auch Naturdenkmäler erfasst.[38] Sinn und Zweck der Weltkulturerbekonvention sind „Erwägungen, dass Teile des Kultur- und Naturerbes von außergewöhnlicher Bedeutung sind und daher als Bestandteil des Welterbes der ganzen Menschheit erhalten werden."[39] Zudem wurde zwischen beweglichen und unbeweglichen Kulturgütern unterschieden, was im Hinblick auf die Technisierung und Modernisierung der Arbeitsmethoden sinnvoll erscheint.[40]

So ist es in der heutigen Zeit kein Problem mehr, Brücken oder auch Tempel[41] zu verlagern.[42]

aa) Begriff des Kulturerbes

In Art. 1 WEK[43] taucht der Begriff „Kulturerbe" auf. Demnach sind darunter Denkmäler, Ensembles und Stätten zu verstehen. Es existiert keine internationale

---

35 *Gordon*, Harward International Law Journal, S. 541.

36 *Jaeger*, Internationaler Kulturgüterschutz, S. 10.

37 Text: Bundesgesetzblatt Teil II, 1977 Nr. 10, S. 213.

38 *Gornig*, in: *Gornig/Horn/Murswiek*, Der internationale Kulturgüterschutz, S. 53.

39 Aus der Präambel der Weltrerbekonvention.

40 *Bila*, Nationaler Kulturgüterschutz in der europäischen Union, Diss., S. 21.

41 *Rudolf*, Internationaler Schutz von Kulturgütern, in: FS Doehring, S. 864-866; Bsp. Abu Simbel Tempel, Vgl.: http://www.nationalgeographic.de/reportagen/topthemen/2001/rettung-fuer-ein-weltwunder (Abruf: 13.03.2017).

42 *Fitschen*, in: *Fiedler*, Internationaler Kulturgüterschutz und deutsche Frage, S. 191.

43 Bedeutet Welterbekonvention, Text: Bundesgesetzblatt Teil II, 1977 Nr. 10, S. 216.

begriffliche Unterscheidung zwischen „Kulturerbe“ oder „Naturerbe“. Daher muss das erfasste kulturelle Erbe der Staaten für die jeweiligen Zwecke der Konvention definiert werden.[44]

bb) Begriff des Naturerbes

Nach Art. 2 WEK gelten im Sinne des Übereinkommens als „Naturerbe" gewisse Naturgebilde, bestimmte geologische und physiographische Erscheinungsformen und Naturstätten. Daraus ergibt sich, dass Natur- und Kulturerbe nicht identisch sind. Zwar existieren Überschneidungen zwischen Natur- und Kulturerbe, aber die Schutzmechanismen sind zu unterschiedlich, um diese beiden Begriffe miteinander vergleichen zu können.[45]

c) Unterscheidung zwischen „Kulturgut“ und „Kulturerbe“

Fraglich ist allerdings, worin der Unterschied zwischen dem Begriff des Kulturguts und dem Kulturerbe besteht. Vor der UNESCO-Konvention tauchte immer wieder der Begriff des Kulturguts auf. Erst mit dem Übereinkommen von 1972 erschien der Begriff des Kulturerbes. Der Kulturgüterschutz beim Kulturgut bezieht sich in erster Linie auf Objekte.[46] Daher könnte zweifelhaft sein, ob die Regeln des Kulturgüterschutzes auch auf das Kulturerbe greifen. Dabei ist der Unterschied zwischen immateriellem und materiellem Kulturgüterschutz zu betrachten. Das UNESCO-Übereinkommen von 1972 erwähnt kein immaterielles Kulturerbe. Erst mit dem Übereinkommen zur Erhaltung des immateriellen Kulturerbes vom 17. Oktober 2003[47] wird darauf eingegangen. Bemerkenswert ist dabei aber auch, dass der Begriff des „Kulturerbes“ als Normbegriff schon Mitte der 1940er Jahre entstanden ist.[48] Im Vergleich zur Haager Konvention von 1954 ist durch das UNESCO-Übereinkommen der Kulturbegriff näher bestimmt worden. Es ist aber weiterhin erkennbar, dass trotz der rechtlichen Regelungen der Kulturbegriff ein unbestimmter Rechtsbegriff geblieben ist.

---

44 *Fitschen*, in: *Fiedler*, Internationaler Kulturgüterschutz und deutsche Frage, S. 190.

45 *Gornig*, in: *Gornig/Horn/Murswiek*, Der internationale Kulturgüterschutz, S. 25.

46 *Fechner*, in: Martin/*Krautzberger*, Handbuch Denkmalschutz und Denkmalpflege, Teil B, System des Denkmalschutzes, Rn. 116.

47 Text: Bundesgesetzblatt Teil II, 2013 Nr.19, S. 1009.

48 *Odendahl*, Kulturgüterschutz, S. 389.

II. Vorschläge in der Literatur zur Legaldefinition des „Kulturguts"

Auf den ersten Blickt erscheint eine einschlägige Definition des Kulturgutbegriffes zu fehlen. Von vielen Autoren in der Literatur findet das Fehlen einer einschlägigen Definition Zuspruch, da die Vielfalt der rechtlichen Regelungen und auch der einschlägigen Rechtsnormen zu groß wirkt, sodass eine feste Definition des Kulturgutbegriffs nicht möglich erscheint.[49] In der Literatur ist der Begriff des Kulturguts daher umstritten.

1. Ansicht von Odendahl

Nach *Odendahl* sind Kulturgüter körperliche Gegenstände, beweglich oder unbeweglich, Einzelstücke oder Sammlungen/Ensembles, vom Menschen geschaffen, verändert, geprägt oder seine kulturelle Entwicklung widerspiegelnd, denen ein historischer, künstlerischer, wissenschaftlicher, architektonischer, archäologischer oder sonstiger kultureller Wert unterschiedlicher Dimension zukommt.[50]

Aus dieser Definition lässt sich herleiten, dass einzelne Begriffe zunächst näher bestimmt werden können. Prägnant ist, dass der Begriff des Kulturguts nicht nur eine Zusammenfügung der Begriffe „Kultur" und „Gut" darstellt. So kann Kultur durch sein anthropozentrisches Element nur etwas vom Menschen Geschaffene sein.[51] Im Gegenteil dazu kann ein Kulturgut aber auch aus etwas Natürlichem entstehen, so zum Beispiel das Wattenmeer in Norddeutschland.[52] Diesem Ansatz ist zuzustimmen. Danach ist richtigerweise ein Kulturgut mehr als ein Objektivieren von Kultur. Es kann sowohl aus der Kultur selbst entstehen, als auch eine Kultur ausmachen.

2. Ansicht von Gornig

Nach *Gornig* ist nicht der Wortlaut des Kulturgutbegriffes entscheidend, da der Begriff so weit ausgelegt werden kann, dass auch immaterielle Güter miteingeschlossen werden müssen.[53] Zu beachten ist aber auch, dass immaterielle Kulturgüter

---

49 *v. Schorlemer*, Internationaler Kulturgüterschutz, S. 46; *Greenfield*, The Return of Cultural Treasures, S. 253 ff.; *Raber*, Das kulturelle Erbe der Menschheit, Diss., S. 21.

50 *Odendahl*, Kulturgüterschutz, S. 387.

51 *Odendahl*, Kulturgüterschutz, S. 363.

52 https://www.unesco.de/kultur/2014/uho-6-2014-welterbe-wattenmeer.html (Abruf: 15.06.2017)

53 *Gornig*, in: *Gornig/Horn/Murswiek*, Der internationale Kulturgüterschutz, S. 21.

nicht mit den Kulturgütern im herkömmlichen Sinn verwechselt werden dürfen. Bei materiellen Kulturgütern geht es darum, Objekte einem bestimmten Volk zuzuweisen.[54]

Des Weiteren hält *Gornig* eine Unterscheidung zwischen beweglichen und unbeweglichen Kulturgütern für unnötig, da kaum Objekte existieren, die mit der heutigen Wissenschaft nicht bewegt werden können.[55]

Prägnant ist auch, dass es ihm weder auf das Alter[56] des Kulturguts noch auf dessen Originalität[57] ankommt, da dies zutreffenderweise nicht immer zu sachgerechten Ergebnissen führen kann.

3. Ansicht von v. Schorlemer

Nach Ansicht von *v. Schorlemer* gibt es keine einheitliche Definition von Kulturgut. 1983 habe ein Teilnehmer des Europaratskolloquiums über „International Protection of Cultural Property" in Delphi sechs verschiedene Kulturgut-Definitionen genannt.[58] Dies sei auf mangelnde internationale Koordination zurückzuführen.[59] Letztendlich sei der Kulturbegriff viel zu weit, um eine einheitliche Definition auszumachen.[60] Zutreffenderweise ist es auf internationaler Ebene noch nicht wirklich gelungen, eine einheitliche Definition zu verfassen. Dies ergibt sich vor allem auch daraus, dass sich der Kunst- und Kulturbegriff selbst stets in einer Wandlung befindet.[61] Daher ist der Kulturgüterschutz vorzugsweise auch der zeitlichen Entwicklung anzupassen.

4. Ansicht von Friehe

Nach *Friehe* ist eine funktional-empirische Definition notwendig. Dabei ist vor allem das öffentliche Interesse an Kulturgütern zu berücksichtigen.[62] Demnach sind Kulturgüter körperliche, bewegliche oder unbewegliche Gegenstände, denen aufgrund eines empirisch feststellbaren Interesses an ihnen in der allgemeinen oder

---

54 *Gornig*, in: *Gornig/Horn/Murswiek*, Der internationale Kulturgüterschutz, S. 22.

55 *Gornig*, in: *Gornig/Horn/Murswiek*, Der internationale Kulturgüterschutz, S. 22.

56 *Gornig*, in: *Gornig/Horn/Murswiek*, Der internationale Kulturgüterschutz, S. 26.

57 *Gornig*, in: *Gornig/Horn/Murswiek*, Der internationale Kulturgüterschutz, S. 27.

58 *v. Schorlemer*, Internationaler Kulturgüterschutz, S. 46.

59 *v. Schorlemer*, Internationaler Kulturgüterschutz, S. 46.

60 *v. Schorlemer*, Internationaler Kulturgüterschutz, S. 47.

61 *v. Schorlemer*, Internationaler Kulturgüterschutz, S. 48.

62 *Friehe* in: *Gornig/Schiller/Wesemann*, Völkerrechtliche Haftung im Kulturgüterschutzrecht, S. 39 f.

fachspezifischen Öffentlichkeit eine besondere historische, künstlerische oder wissenschaftliche Bedeutung zukommt.[63] Diese Definition ist teilweise als zutreffend anzuerkennen. Eine empirische Betrachtungsweise ist konsequent. Dennoch muss ein Kulturgutbegriff noch mehr aufweisen.

5. Ansicht von Gottlieb

Auch nach *Gottlieb* müssen sowohl materielle, als auch immaterielle Kulturgüter geschützt werden. So lautet seine Definition: „"Cultural Property"- Human created property of great importance for humanity, irrespective of the property's origin or ownership, its territorial or geographical location, its tangible or intangible nature, whether it is moveable or immovable, whether it is used for religious or secular purposes. Such property will include, inter alia, historical monuments, archeological sites, works or arts, books, and people's unique skills and traditions."[64]

Gottlieb erkennt die Wichtigkeit des immateriellen Kulturerbes und vervollständigt es mit einer bestimmten Einschränkung der Kulturgüter.

6. Eigener Vorschlag einer Definition

Richtigerweise stellt das Kulturgut begrifflich einen sichtbaren ingeniösen Umgang mit Kunst und Kultur dar.

Danach ist ein Kulturgut ein beweglicher oder unbeweglicher Gegenstand, der für die ganze Menschheit einen großen historischen, künstlerischen, wissenschaftlichen und archäologischen Wert hat.

Der Begriff des Kulturguts muss sowohl formaljuristisch als auch materiell betrachtet werden.

a) Formaljuristischer Teil

In den letzten Jahrzehnten haben sich durch Übereinkommen/Konventionen Gesetze und völkerrechtliche Verträge gebildet, die rein äußerlich einen Kulturbegriff benennen. Dabei steht vor allem der Schutz von Kulturgütern im Vordergrund. Der formaljuristische Teil des Kulturgüterbegriffs hat die Aufgabe die schutzbedürftigen Gegenstände einzugrenzen. Es muss klar festgelegt werden, was genau geschützt werden muss. Dabei darf allerdings der materielle Teil nicht außer Acht gelassen werden.

---

63 *Friehe* in: *Gornig/Schiller/Wesemann*, Völkerrechtliche Haftung im Kulturgüterschutzrecht, S. 40.

64 *Gottlieb*, Penn State International Law Review, S. 895.

b) Materieller Teil

Ein Kulturgut stellt begrifflich sowohl die Entwicklung als auch die Bedeutung der Kultur dar. Der materielle Teil des Kulturgüterbegriffs darf nicht durch eine juristische Logik eingeschränkt werden. Dadurch, dass der Kulturgüterbegriff selbst sehr weit ist, finden Kollisionen zwischen unterschiedlichen rechtlichen Gebieten statt. Zu berücksichtigen ist hierbei auch das öffentliche Interesse an Kulturgütern. Gerade die Frage warum ein Kulturgut geschützt werden muss, spielt eine große Rolle.

Nach *Merryman* sind Kulturgüter Objekte, die über das Leben eines Menschen hinaus existieren. So heißt es: „Life may be short, but Art is long. The object that endures is humanity's mark on eternity"[65].

Kulturgüter sind schutzbedürftig, da der historische, wissenschaftliche, künstlerische und archäologische Wert auch nach dem Tod der Menschen weiterhin existiert. Sie stellen sowohl die Identität des Menschen als auch eine Gemeinschaft dar. Nach *Merryman* sagen Kulturgüter aus, wer der Mensch ist und woher er kommt.[66] Zudem sollen sie das Gemeinschaftsgefühl pflegen.[67] Daraus entsteht eine Verbindung zwischen dem Menschen und dem Kulturgut, welche über Jahrhunderte, selbst nach seinem Tod, weiterhin existieren kann. Dies führt zu der materiellen Schutzbedürftigkeit von Kulturgütern.

Daher sind Kulturgüter bewegliche oder unbewegliche Gegenstände, die dem öffentlichen Interesse unterliegen, und für die Menschheit einen großen historischen, künstlerischen, wissenschaftlichen und archäologischen Wert haben.

III. Resümee

Der Kulturgutbegriff ist in den letzten Jahrzehnten zwar oft und immer verschieden definiert worden, jedoch hat sich keine Einheitlichkeit herausgebildet. Anerkannt ist, dass es sich um Gegenstände handeln muss, die kulturell gesehen, einen großen Wert haben. Dabei kann es sich sowohl um materielle als auch immaterielle Kulturgüter handeln. Fraglich ist allerdings, inwieweit sich der Kulturgüterschutz auf die einzelnen immateriellen Kulturgüter erstreckt. Auch in der Literatur hat sich keine einheitliche Definition herausgebildet, die diesen Konflikt aufzulösen vermag.

Zudem ist die Beweglichkeit von Kulturgütern immens umstritten. Dabei muss aber bedacht werden, dass gerade keine einheitliche Definition zustande gekommen ist, weil sich der Begriff der Kultur mit der Zeit immer weiterentwickelt hat.

---

65 *Merryman*, The Public Interest in Cultural Property, Cal.LR Vol.77, S. 348.

66 *Merryman*, The Public Interest in Cultural Property, Cal.LR Vol.77, S. 349.

67 *Merryman*, The Public Interest in Cultural Property, Cal.LR Vol.77, S. 349.

C. Dritter Teil: Haftung für die Verschleppung von Kulturgütern

Das Verschleppen von Kulturgütern im Rahmen von militärischen Konflikten hat eine lange Tradition. Bereits in der Antike stellte die Plünderung von Kulturgütern einen festen Bestandteil militärischer Operationen dar.[68] Ein Sinnbild für die Verschleppung von Kunst und Kultur sind die Handlungen der Sowjetunion nach dem Zweiten Weltkrieg. Die Sowjetunion hat mindestens 200.000 Museumsstücke, zwei Millionen Bücher und drei Kilometer Archivgut vom besetzten Deutschland nach Russland gebracht.[69] Dazu gehören Wertgegenstände wie zwei Gutenberg-Bibeln, Bestände der Bremer Kunsthalle und der Berliner Staatsbibliothek, dem Buch- und Schriftmuseum und der Forschungsbibliothek Gotha und dem Schatz von Priamos.[70] Ziel dieser Handlungen war es, ein Weltmuseum zu errichten.[71] Schon zuvor hatte Napoleon die Idee entwickelt ein „Supermuseum der Weltkunst"[72] zu errichten, die sodann von den Nazis übernommen wurde, um ein entsprechendes „Führermuseum"[73] in Linz zu schaffen. Im Jahre 1990 hatte sich die Sowjetunion unter Gorbatschow dazu bekannt Kulturgüter „verschleppt" zu haben. Des Weiteren wurde Russland nach der Wiedervereinigung im „Vertrag über die Gute Nachbarschaft, Partnerschaft und Zusammenarbeit vom 9. Oktober 1990 – ebenso wie in Deutschland – in Art. 16 dazu verpflichtet verschleppte Kulturgüter zurückzuführen.[74] Doch im März 1997 folgte ein Gesetz, welches alle Kulturgüter aus dem Zweiten Weltkrieg zu russischem Staatseigentum erklärte.[75]

Aber auch zur Zeit der modernen Kriegsführung sind Verschleppungen von Kunst- und Kulturgütern, wie am Beispiel von der Plünderung des irakischen Nationalmuseums im April 2003[76] zu erkennen ist, keine Seltenheit.

Folglich sind Krieg und Kulturgüter eng miteinander verbunden.

---

68 *Maier*, Von Cornelius Sulla zu J. Paul Getty: Antiken als Raubkunst, in: *Frehner*, Das Geschäft mit der Raubkunst, S. 25 f.

69 *Dolzer*, NJW 2000, S. 560; *v. Schorlemer*, GYIL, Vol. 41, S. 317.

70 *Dolzer*, NJW 2000, S. 560.

71 *Schoen*, Der rechtliche Status von Beutekunst, S. 37-39.

72 *Stumpf*, Kulturgüterschutz im internationalen Recht, S. 43.

73 *Hipp*, Schutz von Kulturgütern in Deutschland, S. 21.

74 *Dolzer*, NJW 2000, S. 561.

75 Veröffentlicht in: Российская газета (Rossiskaja gaseta) vom 21.04.1998.

76 http://www.sueddeutsche.de/kultur/irak-museum-nur-die-mongolen-waren-schlimmer-1.431190 (Abruf: 15.06.2017).

I. Völkerrechtliche Rechtsgrundlagen

Es müssen völkerrechtliche Rechtsgrundlagen existieren, die eine Haftung auslösen. So ist zu hinterfragen, wer, wann und wie haftet. Es können sowohl der Staat, das Volk als auch einzelne Individuen für die Verschleppung von Kulturgütern zur Verantwortung gezogen werden. Dabei ist fraglich, ob die im Völkerrecht anerkannte allgemeine Staatenverantwortlichkeit in Betracht kommen kann. Außerdem ist auch eine historische Betrachtungsweise unumgänglich.

1. Allgemeine Staatenverantwortlichkeit

Zunächst ist zu klären, ob eine allgemeine Staatenverantwortlichkeit in Bezug auf die Haftung für die Verschleppung von Kulturgütern überhaupt existent ist. Das Recht der Staatenverantwortlichkeit regelt die Folgen von völkerrechtswidrigen Sachverhalten, die einem Staat zuzurechnen sind. Ein Staat, welcher gegen eine völkerrechtliche Verpflichtung verstößt, muss Verantwortung für zurechenbare Handlungen gegenüber einem anderen Völkerrechtssubjekt übernehmen. Fraglich ist hierbei, ob eine Staatenverantwortlichkeit überhaupt kodifiziert wurde.

Die Völkerrechtskommission der Vereinten Nationen[77] wurde 1947 von der Generalversammlung eingerichtet, um die Kodifizierung von Völkerrecht zu fördern.[78] Erst am 09. August 2001 verabschiedete der ILC Entwürfe über die Verantwortlichkeit von Staaten bei völkerrechtswidrigen Handlungen und empfahl eine baldige Resolution.[79] Die Generalversammlung nahm am 12. Dezember 2001 diese Empfehlung zur Kenntnis und fügte sie der Anlage der Resolution bei.[80] Diese Artikel können entweder eine Kodifizierung des bestehenden Völkergewohnheitsrechts bedeuten oder auch zur Entwicklung des Völkerrechts beitragen. Zu beachten ist aber, dass es sich bei dem ILC-Entwurf weder um einen völkerrechtlichen Vertrag handelt, noch das dieser von den Staaten bestätigt wurde.[81] Schon 1928 im Chorzów-Fall[82] wurde die Haftung des Staates völkergewohnheitsrechtlich anerkannt. Im Gegensatz dazu ist aber auch völkergewohnheitsrechtlich anerkannt, dass Staaten nicht immer vollumfänglich für Handlungen auf ihrem Staatsgebiet, wie im Korfu-Kanal Fall[83], haften müssen.[84]

---

77 Hier „ILC“.

78 *Talmon*, Kollektive Nichtanerkennung illegaler Staaten, S. 355.

79 Siehe UN Document, A/56/10, 2001, S. 42 No. 72.

80 UN-General Assembly Resolution, 56/83 vom 12.12.2001.

81 UN-General Assembly Resolution, 59/35 vom 02.12.2004.

82 StIGH v. 13.09.1928 – Chorzów, PCIJ Reports, Ser. A, No. 17.

83 Corfu Channel Case, ICJ Reports 1949, 4, §18.

84 *Seibert-Fohr*, ZaöRV, 2013, S. 41.

2. Deliktischer Anspruchsinhaber

Völkerrechtlich deliktsfähig sind nur Völkerrechtssubjekte, da nur diese Träger völkerrechtlicher Rechte und Pflichten sind, um deren Verletzung es beim völkerrechtlichen Delikt geht.[85]

Nach dem ILC-Entwurf für die Staatenverantwortlichkeit[86] gilt hinsichtlich der Haftung das Völkergewohnheitsrecht zwischen den Staaten. Es ist daran festzuhalten, dass sich das deliktische Verhalten gegen einen fremden Staat oder ein anderes Völkerrechtssubjekt richten muss.[87] Soweit der eine Staat eine völkerrechtswidrige Handlung oder Unterlassung begangen hat und diese ihm auch zugerechnet werden kann, tritt eine Haftung gegenüber dem anderen Staat ein. Nach Art. 34 des ILC-Entwurfs kann der betroffene Staat dann Schadensersatzansprüche geltend machen. So muss zwischen aktiver und passiver Deliktsfähigkeit unterschieden werden. Rechtsgrundlage des Deliktsrechts ist also das Völkergewohnheitsrecht.[88]

a) Aktive Deliktsfähigkeit

Die aktive Deliktsfähigkeit muss von der passiven unterschieden werden.

Die aktive Deliktsfähigkeit setzt zusätzlich zur völkerrechtlichen Rechtsfähigkeit die völkerrechtliche Handlungsfähigkeit voraus.[89] So kann beispielsweise ein „failed state“ keine völkerrechtlichen Pflichten erfüllen und sie somit nicht verletzen. „Failed states“ sind gescheiterte Staaten, wie zum Beispiel Somalia seit 1999.[90]

Ansonsten ist die aktive Deliktsfähigkeit bei Staaten unproblematisch gegeben.

b) Passive Deliktsfähigkeit

Die passive Deliktsfähigkeit besteht darin, Objekt einer völkerrechtswidrigen Handlung zu sein und die von der Völkerrechtsordnung an sie geknüpften Rechtsfolgen geltend machen zu können.[91] In seinen Rechten kann ein Staat auch verletzt sein, wenn er selbst nicht mehr handlungsfähig ist.[92]

---

85 *v.Arnauld*, Völkerrecht, Rn. 380.

86 Vorliegend: UN Document, A/56/10, 2001, S. 42 No. 72.

87 *Menzel*, Völkerrecht, S. 281.

88 *Schlochauer*, AVR, S. 240.

89 *Meng*, ZaöRV, 1985, S. 324; *v.Arnauld*, Völkerrecht, Rn. 381.

90 *v.Arnauld*, Völkerrecht, Rn. 87.

91 *Delbrück/Wolfrum*, in: *Dahm*, Völkerrecht, Bd. I/3, S. 871; *Schlochauer*, AVR, S. 240.

92 *v.Arnauld*, Völkerrecht, Rn. 381.

Nach *Ipsen* hat die Deliktsfähigkeit im Völkerrecht kaum eine praktische Relevanz. So ist beim ILC-Entwurf der Begriff der Deliktsfähigkeit verworfen worden, weil es „absurd" sei anzunehmen, dass eine Rechtsordnung ihre Rechtssubjekte mit der Fähigkeit zum Rechtsbruch ausstatte.[93] Der Begriff der Deliktsfähigkeit stünde schlicht für die Tatsache, dass sich ein Völkerrechtssubjektiv rechtswidrig verhalten kann.[94] Am Beispiel des LaGrand-Falls[95] sei dies erkennbar.

Dieser Ansicht ist mit Kritik zu begegnen. Denn das Völkerrecht unterscheidet deutlich zwischen handlungsfähigen und nicht handlungsfähigen Völkerrechtssubjekten.[96] Außerdem löst die Beeinträchtigung in den Rechten von nicht handlungsfähigen Subjekten durch die Unterscheidung zwischen aktiver und passiver Deliktsfähigkeit gerade eine völkerrechtliche Verantwortlichkeit aus.

aa) Deliktsfähigkeit von Staaten

Das völkerrechtliche Deliktsrecht ist historisch für die klassischen Völkerrechtssubjekte, also auch für Staaten entwickelt worden.[97]

Staatsgebiet, Staatsvolk und Staatsgewalt konstituieren die Staatlichkeit unmittelbar. Fraglich ist allerdings, wie sich dies auf eine Staatensukzession auswirkt. Selbst bei Staatensukzessionen besteht immer ein gewisser Teil des alten Staates fort. Dies führt dazu, dass Staaten eine gewisse Kontinuität besitzen. Dieses Problem ist weder durch völkerrechtliche Regelungen, noch durch die Literatur einheitlich geklärt worden. Durch den Ansatz der Kontinuität könnte die Deliktsfähigkeit also auch weiterhin verbleiben.

Grundsätzlich sollen also nur Völkerrechtssubjekte bzw. Staaten deliktsfähig sein. Daher ist auch fraglich, ob der sogenannte „Islamische Staat" als solcher überhaupt diese Deliktsfähigkeit inne hat.

bb) Deliktsfähigkeit von Individuen

Individuen galten eine lange Zeit im Bereich der völkerrechtlichen Verantwortlichkeit als Nichtbeteiligte und waren daher auch nicht deliktsfähig. Sie waren durch ihren Staat mediatisiert und tauchten daher im Völkerrecht nicht auf.[98] Nach der

---

93 *Ipsen*, in: *Ipsen*, Völkerrecht, §28, Rn. 29; *Ago*, YBILC, 1971 II/1, S. 224.

94 *Ago*, YBILC, 1971 II/1, S. 224.

95 LaGrand Case, ICJ Reports, Germany v. United States of America, vom 27.06.2001.

96 *v.Münch*, Das völkerrechtliche Delikt, S. 130; *Kunig*, JURA, 1996, S. 596.

97 *Meng*, ZaöRV, 1985, S. 324.

98 *Hobe*, Einführung in das Völkerrecht, S. 166.

„Objekttheorie" ist das Individuum kein Völkerrechtssubjekt und kann sich nicht auf Rechte und Pflichten eines Völkerrechtssubjekts berufen.[99] Diese Theorie ist nunmehr als veraltet anzusehen.

Schon nach dem Ersten Weltkrieg wurde von der Völkerrechtslehre festgelegt, dass eine Völkerrechtsfähigkeit des Individuums nicht möglich sei, weil das Recht der Minderheiten nur den Völkerbund und die Staaten berechtigen und verpflichten würden.[100]

Mit dem Danziger Eisenarbeiter-Fall[101] wurde festgestellt, dass Individuen einen begrenzten Zutritt zu internationalen Gerichten hatten. Danach wurde der Einzelne zum ersten Mal als partielles Völkerrechtssubjekt betrachtet. Nach dem Zweiten Weltkrieg hingegen wurde dem Einzelnen durch die Erklärung der allgemeinen Menschenrechte und anderen verschiedenen Entwicklungen eine partielle Völkerrechtsubjektivität teilweise anerkannt. Zwar ist Individuen eine gleichrangige Stellung zu anerkannten Völkerrechtssubjekten nicht eingeräumt, allerdings sind Ansätze erkennbar. So wurde nach dem LaGrand-Fall dem Individuum eine partielle Völkerrechtssubjektivität erkennbar zugebilligt. Dort entnahm der Gerichtshof Art. 36 des Wiener Konsularübereinkommens die Existenz subjektiver Rechte Einzelner, obwohl die Konvention diesen selbst kein Beschwerdeverfahren oder Ähnliches eröffnet hat.

Nach den Terroranschlägen in den USA am 11. September 2001 ist die Deliktsfähigkeit von Einzelnen wieder in die Diskussion geraten. Es stellt sich die Frage, ob Terroristen als mögliche Urheber eines bewaffneten Angriffes im Sinne des Art. 51 UN-Charta[102] in Frage kommen können.[103] Art. 51 UN-Charta regelt das Selbstverteidigungsrecht von Staaten vor einem Entschluss des Sicherheitsrates. Angenommen, Terroristen wird die Fähigkeit eingeräumt, einen bewaffneten Angriff auf Staaten zu begehen, so kann Individuen ebenfalls eine Deliktsfähigkeit eingeräumt werden. Ob der Einzelne deliktsfähig ist, lässt sich im derzeitigen Stadium noch nicht klaren.

Insgesamt ist aber durch die Entwicklung seit dem 20. Jahrhundert, auch dem humanitären Völkerrecht Beachtung zu schenken. So hat die ILC 2006 die „Draft Articles on Diplomatic Protection" verabschiedet.[104] Der Staat kann mithin diploma-

---

99 *Manner*, AJIL 1952, S. 428.

100 *Hobe*, Einführung in das Völkerrecht, S. 166.

101 StIGH, Jurisdiction of the Courts of Danzig, Advisory Opinion from 3 March 1928, Reports Permanent Court of International Justice, Series B 15.

102 Vorliegend Charta der Vereinten Nationen

103 *Hobe*, Einführung in das Völkerrecht, S. 169.

104 Official Records of the General Assembly, Sixty-first Session, Supplement No. 10 (A/61/10).

tischen Schutz auf seine Staatsangehörigen, die natürliche oder juristische Personen sein können, ausüben.

Eine Auslegung in Bezug auf die Verletzung humanitärer individueller Rechte in Art. 3 HLKO oder auch nach Art. 91 ZP I[105] führen zu dem Ergebnis, dass nunmehr individuelle Wiedergutmachungsansprüche anerkannt werden. Zudem können gegenwärtige bewaffnete Konflikte, die zu einer Verletzung humanitärer Individualrechte führen, einen eigenen humanitären Wiedergutmachungsanspruch des verletzten Individuums gegen den verletzenden Staat nach sich ziehen.[106] Zu beachten ist dabei auch, dass aus Völkergewohnheitsrechten bei Verletzung des Völkerrechts des *ius in bello*[107] Individualansprüche auf Restitution bestehen. Und genau diese Individualansprüche stehen neben den staatlichen Ansprüchen.[108]

Dadurch erscheint mit Hinblick auf die Entwicklung des humanitären Völkerrechts die passive Deliktsfähigkeit in Bezug auf die Beutekunst bzw. die Verschleppung von Kulturgütern auch für Individuen möglich, da die einschlägigen Normen auch aus dem humanitären Völkerrecht stammen.

Eine andere Ansicht hingegen erkennt Einzelpersonen nicht als deliktsfähig an. Wenn das Völkerrecht dazu übergeht, eine völkerrechtliche Verantwortlichkeit des Einzelnen zu statuieren, so ist es nur konsequent, den Einzelnen auch als mögliches Objekt einer Völkerrechtsverletzung anzuerkennen.[109] Nach *Friehe* entspricht eine passive Deliktsfähigkeit von Privatpersonen weder dem traditionellen Stand des Völkerrechts, noch deutet sich jenseits weniger Ausnahmen eine völkervertragliche Anerkennung an. Daher kann sich die passive Deliktsfähigkeit nur durch Völkergewohnheitsrecht ergeben, wenn genügend Rechtspraxen und Rechtsüberzeugungen vorhanden sind.[110]

Friehe verkennt aber, dass sich das Völkerrecht auf der Ebene des humanitären Völkerrechts mit der Zeit in der Form verändert hat, dass die Annahme der Deliktsfähigkeit von Individuen völkergewohnheitsrechtlich anerkannt ist. Der Diskurs über die Völkerrechtssubjektivität des Individuums kann nicht ausschlaggebend dafür sein, dass über die Deliktsfähigkeit bestimmt wird. Gerade der Umfang der Verpflichtungen des Einzelnen muss explizit betrachtet werden. Besonders dort, wo das Völkerrecht dem Einzelnen eigene Primärpflichten auferlegt, geht es

105 Zusatzprotokoll I vom 08. Juni 1977 zu den Genfer Abkommen vom 12. August 1949 über den Schutz der Opfer internationaler bewaffneter Konflikte; Text: Bundegesetzblatt Teil II, 1990, Nr. 47, S. 1550, 1551.

106 *Matthiesen*, Wiedergutmachung für Opfer internationaler bewaffneter Konflikte, S. 277.

107 Übersetzt: „Gesetze während des Kriegs".

108 Fischer-Lescano, AVR, S. 320.

109 *Delbrück/Wolfrum*, in: *Dahm*, Völkerrecht, Bd. I/3, S. 872.

110 *Friehe*, in: *Gornig/Schiller/Wesemann*, Völkerrechtliche Haftung im Kulturgüterschutzrecht, S. 51.

grundsätzlich von seiner Deliktsfähigkeit aus.[111] Aus diesen Gründen ist eine passive Deliktsfähigkeit von Individuen, vor allem in Hinblick auf den Kulturgüterschutz, anzunehmen.[112]

3. Zurechenbares Verhalten

a) Pflichtverletzung

Voraussetzung für eine Staatenverantwortlichkeit ist die Verletzung einer völkerrechtlichen Pflicht. Nach dem ILC-Entwurf[113] ist nur das rechtswidrige Verhalten entscheidend.

b) Zurechenbarkeit

Nach den Art. 4-16 ILC-Entwurf führt die Pflichtverletzung dann zur völkerrechtlichen Verantwortlichkeit des Deliktssubjekts, wenn es diesem auch zurechenbar ist. Dabei gilt zu beachten, dass ein Staat aber primär für das Verhalten der Organe einzustehen hat.[114]

aa) Verantwortlichkeit für Organhandeln

(1) Organe

Gemäß Art. 4 ILC-Entwurf ist dem Staat zunächst einmal das Handeln seiner eigenen Organe zuzurechnen. Staaten sind juristische Personen. Sie benötigen Organe, um überhaupt handeln zu können. Das Wesen der Handlung des Organs führt dazu, dass es der juristischen Person, für welchen das Organ handelt, zugerechnet wird.[115]

Falls eine Rechtspflicht zum Handeln besteht, wird die Verantwortlichkeit von Staaten dadurch abgemindert, dass dem Staat nicht nur das Handeln seiner Organe, sondern auch deren Unterlassen zugerechnet wird.[116]

---

111 *Dörr*, JZ, S. 906.

112 *Dörr*, JZ, S. 906; *Gornig*, Eigentum und Enteignung S. 54 ff.; *Fischer-Lescano*, AVR, S. 320.

113 Vorliegend: UN Document, A/56/10, 2001, S. 42 No. 72.

114 *Ipsen*, in: *Ipsen*, Völkerrecht, §29, Rn. 3; *v.Arnauld*, Völkerrecht, Rn. 384.

115 *v.Arnauld*, Völkerrecht, Rn. 384.

116 *Delbrück/Wolfrum*, in: *Dahm*, Völkerrecht, Bd. I/3, S. 890.

Zudem ist völkergewohnheitsrechtlich anerkannt, dass Staaten auch für das Verhalten ihrer Organe völkerrechtlich einstehen müssen.[117] Vor allem in Bezug auf die Verschleppungsproblematik findet hier Art. 3 HLKO Anwendung, wonach auch die Streitkräfte als Organ des Staates zu betrachten sind.

(a) Haftung der Organe im Krieg

Art. 3 HLKO legt fest, dass eine Verantwortlichkeit des Staates bei einem Verstoß besteht. Danach sind Vertragsstaaten für ihre Angehörigen verantwortlich. Alle staatlichen Organe können bedeutsame Handlungen begehen.[118] Falls Mitglieder der Streitkräfte des Staates ihre Kompetenzen überschreiten und dabei beispielsweise Kulturgüter entwenden oder auch zerstören, entsteht gemäß Art. 4 ILC-Entwurf eine Verantwortlichkeit des Staates in Form einer Ersatzpflicht.

(b) Haftung für *de-Facto-Organe*

De-Facto-Organe liegen vor, wenn die Zurechnung das Verhalten von Personen erfasst, die nicht den förmlichen Status eines Staatsorgans besitzen, aber kraft staatlicher Ermächtigung hoheitliche Aufgaben erfüllen können.[119] Dies ist über Art. 5 ILC-Entwurf gewohnheitsrechtlich konstituiert.

(c) Haftung für *ultra vires* Handlungen

Die Pflichtverletzung seiner Organe ist dem Staat auch zuzurechnen, wenn das handelnde Organ seine eigenen Kompetenzen überschritten hat.[120]

Fraglich ist allerdings, ob dies gilt, wenn handelnde Organe offensichtlich außerhalb ihrer Kompetenzen gehandelt haben.

Am Beispiel von internationalen Schiedssprüchen wie bei dem *Youmans*-Fall[121] oder dem *Caire*-Fall[122] wird geltend gemacht, dass eine solche Ausnahme nicht existiert. Des Weiteren soll das Wissen über die Kompetenzüberschreitung nicht dazu geeignet sein, eine solche Ausnahme geltend zu machen. Die ILC hat diese Aus-

---

117 *v.Arnauld*, Völkerrecht, Rn. 384; Vgl. auch: Difference Relating to Immunity from Legal Process of a Special Rapporteur of the Commission on Human Rights, ICJ Reports 1999, 9, §62.

118 *Verdross*, Völkerrecht, S. 321.

119 *v.Arnauld*, Völkerrecht, Rn. 397.

120 *Herdegen*, Völkerrecht, §58, Rn. 5; *Epping*, in: *Ipsen*, Völkerrecht, §29, Rn. 24; *v.Arnauld*, Völkerrecht, Rn. 403.

121 Thomas H. Youmans (U.S.A.) v. United Mexican States, Reports of International Arbitral Awards, Volume IV, S. 110 ff. vom 23. November 1926.

122 Estate of Jean-Baptiste Caire (France) v. United Mexican States, Reports of International Arbitral Awards, Volume V, S. 516 ff. vom 07. Juni 1929.

nahme nicht mit in den Entwurf aufgenommen, weil sie den Schutz des Betroffenen aufgrund einer solchen Klausel nicht schwächen wollte.[123]

Eine Haftung für ultra vires Handlungen ist mithin möglich.

(2) Organleihe

Bei Organleihen handelt es sich um Handlungsträger, die einem Staat von einem anderen Völkerrechtssubjekt zur Verfügung gestellt werden. Nach Art. 6 ILC-Entwurf wird das Verhalten eines Organs, welches von einem Völkerrechtssubjekt dem anderen Staat zur Verfügung gestellt wurde, dem Ersteren auch zugerechnet.

Auch bei Entsendungen von Friedenstruppen ist eine Haftung nicht ausgeschlossen. So mussten die Vereinten Nationen am Beispiel des Kongo den Belgiern gegenüber haften und eine Entschädigung in Höhe von 1,5 Millionen Dollar zahlen.[124]

bb) Verantwortlichkeit im Zusammenhang mit dem Handeln Privater

Eine Haftung des Staates für das Handeln von Privatpersonen ist regelmäßig nicht möglich.[125] Gemäß Art. 11 ILC-Entwurf haben Staaten nur für Privatpersonen einzustehen, wenn ihnen ein eigenes Fehlverhalten vorgeworfen werden kann.[126] Die Handlung eines Individuums ist als eine eigenständige Privathandlung zu sehen, wenn sie ohne militärischen Befehl und ohne jeden erkennbaren Zusammenhang zu den sonstigen Kriegsereignissen erfolgt ist.[127]

Freilich kann der Staat nicht immer Verantwortung übernehmen, wenn Privatpersonen seines Hoheitsgebiets die Rechte anderer Staaten verletzen. Der Staat schuldet nur eine „due diligence“[128] bei der Prävention solcher Interventionen.[129]

Ausnahmsweise ist eine staatliche Verantwortlichkeit unproblematisch gegeben, wenn beispielsweise das Militär den Befehl gibt im besetzten Gebiet „Beute zu machen“. Durch den Befehl wird eine gewisse Gefahrenlage geschaffen, die der Privatplünderer nur noch ausnutzen muss. Art. 3 HLKO kann weit ausgelegt werden,

---

123 *Verdross/Simma*, Universelles Völkerrecht, S. 859; a.A: *Ipsen*, in: *Ipsen*, Völkerrecht, §29, Rn. 28.

124 Mehr dazu: United Nations Treaty Series, Band 535, S. 197.

125 *v.Arnauld*, Völkerrecht, Rn. 404; *Schröder*, in: *Vitzthum*, Völkerrecht, S. 594.

126 *David*, La responsabilité internationale de l'Etat après l'aff. Bosnie c/ Serbie, in: FS Bothe, S. 865 ff.; *Herdegen*, Völkerrecht, §58, Rn. 6.

127 *Hartung*, Kunstraub in Krieg und Verfolgung, S. 389.

128 Übersetzt: „Angemessene Sorgfalt“.

129 *Pisillo-Mazzeschi*, GYIL, Vol. 35, S. 9 ff.; *v.Arnauld*, Völkerrecht, Rn. 404.

wodurch sich ein sehr weitreichender Haftungstatbestand ergibt. Im Umkehrschluss dazu ist also anzunehmen, dass das Militär in den besetzten Gebieten sogar Kulturgüter vor Diebstahl von Privatpersonen schützen muss. Kann der besetzte Staat keinen Schutz mehr gewährleisten, können Privatplünderer das Kulturgut leicht verschleppen.[130]

Der Staat muss also auch haften, wenn das Militär seine Schutzpflicht verletzt und dadurch Kulturgüter Privatplünderern in die Hände geraten. Dogmatisch haftet der Staat aber nicht direkt für die Privatpersonen, sondern für das Organ, welches eine Schutzpflicht verletzt.[131]

(1) Steuerung oder Kontrolle

Gemäß Art. 8 ILC-Entwurf kann ein Staat Privatpersonen zu hoheitlichem Handeln ermächtigen. Eine völkerrechtliche Verantwortung obliegt dem Staat, wenn er Privatpersonen als inoffiziellen „verlängerten Arm" nutzt und diese dadurch faktisch steuert.[132] Gewohnheitsrechtlich ist eine Haftung für diese Privatpersonen kaum bestritten.

Soweit Private nicht in staatlichem Auftrag handeln, ist nach dem Nicaragua-Urteil[133], gemäß Art. 8 ILC-Entwurf, die effektive staatliche Kontrolle über die Aktivitäten der Privaten im Einzelfall Voraussetzung für die Staatenverantwortlichkeit. Allerdings wurde die Schwelle durch den Nachweis einer Gesamtkontrolle herabgesetzt.[134]

c) Normverstoß

Das zurechenbare Verhalten muss gemäß den Art. 12-15 ILC-Entwurf gegen eine völkerrechtliche Pflicht verstoßen, die dem Deliktssubjekt gegenüber dem Deliktsobjekt obliegt.

---

130 *Friehe, Gornig/Schiller/Wesemann*, Völkerrechtliche Haftung im Kulturgüterschutzrecht, S. 66.

131 Derselben Ansicht auch: *Friehe*, in: *Gornig/Schiller/Wesemann*, Völkerrechtliche Haftung im Kulturgüterschutzrecht, S. 66.

132 *Stein/v. Buttlar/Kotzur*, Völkerrecht, Rn. 1120; *v.Arnauld*, Völkerrecht, Rn. 406.

133 IGH, Urteil II (Merits) vom 27.06.1986, Nicaragua Case, ICJ Reports 1986, 14, §228.

134 Mehr dazu: *Stein/v. Buttlar/Kotzur*, Völkerrecht, Rn. 1122; Tadic Case, ICTY, Urteil vom 02.10.1995.

aa) Völkerrechtliche Verträge

In Art. 38 I IGH-Statut wird festgestellt, welche Normerzeugungsarten formelle Rechtsquellen sind. In Bezug auf den Kulturgüterschutz werden hier einige internationale Übereinkünfte benannt.

(1) Ius in Bello

„Inter arma silent leges“[135], angesichts dieses prägenden Satzes hat sich im 19. Jahrhundert das *ius in bello* entwickelt. Es sollten Regelungen im Krieg geschaffen werden, die eine völkerrechtliche Ordnung fördern würden. Der Kulturgüterschutz beispielsweise hat eine große Aufmerksamkeit bekommen.

(2) Haager Landkriegsordnung von 1907

Seit der Haager Landkriegsordnung von 1907 wird das rechtliche Schicksal des Kulturgüterschutzes geregelt.[136]

Gemäß Art. 46 lit. b) HLKO wird zum einen das Privateigentum geschützt und gemäß Art. 47 HLKO zum anderen die Plünderung verboten. Die Aneignung von öffentlichem Eigentum zum Zwecke der Kriegsführung bleibt erlaubt. Nach Art. 28 und 47 HLKO ist gleicherweise verboten, dass Städte zur Plünderung überlassen werden und gemäß Art. 56 HLKO die Zerstörung oder Aneignung von Kulturgut, selbst wenn dieses im öffentlichen Besitz steht, zuzulassen.[137]

(3) Haager-Konvention von 1954

Die Haager Landkriegsordnung wurde im Zweiten Weltkrieg von Deutschland nicht eingehalten. Während des Krieges wurden unzählige Kulturgüter verschleppt. Aus diesem Grund wurde 1954 die Haager-Konvention zum Schutz von Kulturgut in bewaffnetem Konflikt verabschiedet.[138] Gemäß Art. 4 Nr. 3 HK-1954 verpflichten sich die Vertragsparteien Diebstahl, Plünderung oder andere widerrechtliche Inbesitznahme von Kulturgütern zu verbieten und zu verhindern.

---

135 Von: Cicero, Pro Milone, 52 v.Chr. (Übersetzt: Denn unter den Waffen schweigen die Gesetzte“).

136 *Fiedler*, Zur Entwicklung des Völkergewohnheitsrechts im Bereich des internationalen Kulturgüterschutzes, in: FS Doehring, S. 213.

137 *Jaeger*, Internationaler Kulturgüterschutz, S. 15.

138 Siehe oben bei B., I., Nr. 3.

bb) Völkergewohnheitsrecht

Nach Art. 38 I lit. b) IGH- Statut wird das Völkergewohnheitsrecht als Ausdruck einer allgemeinen als Recht anerkannten Übung definiert. Daraus ergeben sich zwei Definitionselemente für das Gewohnheitsrecht: zum einen die Übung (consuetudo) und zum anderen die Rechtsüberzeugung (opinio iuris). Dies ist die sogenannte dualistische Theorie des Gewohnheitsrechts.[139]

(1) Übung

Nach der *herrschenden Lehre* entsteht durch die Rechtsüberzeugung allein kein Völkergewohnheitsrecht. Sie ist eine konstitutive Voraussetzung.[140] Eine andere Auffassung hingegen ist der Überzeugung, dass die Übung das Vorhandensein des Gewohnheitsrechts lediglich bestätigt und zum Ausdruck bringt.[141]

Oftmals standen in der Vergangenheit Kulturgüter unter keinem besonderen Schutz und waren daher Opfer von Verschleppung und Zerstörung.

Bemerkenswert ist, dass in gewissen Kulturkreisen die Unantastbarkeit bestimmter Objekte den Schutz von Kulturgütern erreicht hat. Das galt beispielsweise für die pan-hellenischen Heiligtümer wie Olympos, Delos und Delphi oder auch religiöse Stätten und Güter.[142] Seit der Wiener Konvention von 1815 wird die Verschleppung und Zerstörung von Kulturgütern angeprangert.

(2) Rechtsüberzeugung

Neben der Übung ist zudem die *opinio iuris* für die Entstehung des Gewohnheitsrechts notwendig. Nach der früheren Ansicht ist die Rechtsüberzeugung ein Produkt der Rechtserkenntnis.[143] Problematisch in Bezug auf den Raub von Kulturgut wäre aber, dass die ersten Verschleppungen zwar zur Entstehung des Völkergewohnheitsrechts führen würden, diese würden dann aber auf einer irrtümlichen Rechtsüberzeugung beruhen. Denn das Völkerrechtssubjekt, das die Übung setzt, weiß, wenn es nicht irrtümlich handelt, ganz genau, dass es bestehendes Gewohnheitsrecht verletzt.[144] Die Verschleppung von Kulturgütern wird bekanntlich seit dem 19. Jahrhundert verurteilt. Es ist seit damals als Völkergewohnheitsrecht anzuerkennen, sodass auch die Rechtsüberzeugung existent ist. Spätestens seit der Haa-

139 *Schweitzer*, Staatsrecht III, Rn. 239; *Vitzthum*, in: *Vitzthum*, Völkerrecht, S. 67.

140 *Vitzthum*, in: *Vitzthum*, Völkerrecht, S. 67.

141 Wüst, Das völkerrechtliche Werk von Georges Scelle im Frankreich der Zwischenkriegszeit, S. 198 ff.

142 *Irmscher*, in: *Gornig/Horn/Murswiek*, Der internationale Kulturgüterschutz, S. 69.

143 *Schweitzer*, Staatsrecht III, Rn. 251.

144 *Schweitzer*, Staatsrecht III, Rn. 251.

ger Landkriegsordnung führt also die Missachtung des Völkergewohnheitsrechts zum Normverstoß.

cc) Allgemeine Rechtsgrundsätze

Gemäß Art. 38 I lit. c) IGH-Statut werden als dritte Rechtsquelle die von den Kulturvölkern anerkannten allgemeinen Rechtsgrundsätze genannt. Eine allgemeine Rangordnung zwischen den Rechtsquellen des Völkerrechts gibt es nicht. Daher kommen sowohl *lex posterior* als auch *lex specialis* zur Anwendung.[145] Es gilt auch zu beachten, dass die Formulierung „Kulturvölker" nach §38 I lit. c) IGH-Statut als überholt anzusehen ist. Nach heute herrschender Meinung werden alle Staaten darunter subsumiert.[146]

4. Ausschluss der Rechtswidrigkeit

Die Rechtswidrigkeit der Verschleppung von Kulturgut ist möglicherweise ausgeschlossen, wenn Rechtfertigungsgründe existieren.

a) Rechtsfertigungsgründe des Russischen Verfassungsgerichts bezüglich der verschleppten Kulturgüter Deutschlands aus dem Zweiten Weltkrieg

Nach dem Zweiten Weltkrieg hat die Sowjetunion unzählige Kulturgüter aus den ehemaligen deutschen Gebieten verschleppt.[147]

Das Russische Verfassungsgericht vertritt in einer Entscheidung[148] im Jahr 1999, dass „die Verbringung von Kulturgütern infolge des Zweiten Weltkriegs aus dem Hoheitsgebiet Deutschlands und seiner ehemaligen militärischen Verbündeten in die UdSSR im Zuge der kompensatorischen Restitution sich auf völkerrechtliche Übereinkünfte und andere Rechtsvorschriften gründet, die in der Zeit des Zweiten Weltkriegs und nach seiner Beendigung verabschiedet wurden und die für die auf Grund dieser Rechtsakte entstandenen Eigentumsverhältnisse ihre Gültigkeit behalten haben (...)."[149]

---

145 *Vitzthum*, in: *Vitzthum*, Völkerrecht, S. 71.

146 *Schweitzer*, Staatsrecht III, Rn. 259.

147 Siehe bei: C. Dritter Teil: Haftung für die Verschleppung von Kulturgütern.

148 Vorliegend: Russisches Verfassungsgericht, Urteil „Über die infolge des Zweiten Weltkriegs in die UdSSR verbrachten und sich im Hoheitsgebiet der Russischen Föderation befindenden Kulturgüter" vom 20.07.1999; AVR 2000, Band 38, S. 85 ff.

149 AVR 2000, Band 38, S. 90.

So ist das Urteil des Nürnberger Militärgerichtshofs vom 1. Oktober 1946, die Friedensverträge mit Rumänien, Finnland, Bulgarien, Italien und Ungarn von 1947 und auch die gemeinsame Regierung der Bundesrepublik Deutschland und der Deutschen Demokratischen Republik vom 15. Juni 1990 zur Klärung von offenen Vermögensfragen als Begründung genannt.[150]

Außerdem hat Deutschland gegen den Briand-Kellogg-Pakt[151] und den deutsch-russischen Nichtangriffspakt[152] verstoßen, wodurch ein Angriffskrieg richtigerweise bejaht werden kann.

Fraglich ist allerdings, ob der Angriffskrieg als Rechtfertigung für die Verschleppung der Kulturgüter gelten kann. Das Russische Verfassungsgericht verzerrt mit dieser Begründung das geltende Völkerrecht. Es ist völkergewohnheitsrechtlich anerkannt, dass das *ius in bello* für den Kulturgüterschutz gilt. Es ist daher von dem *ius ad bellum*[153] zu trennen. Die Regeln des *ius in bello* sind von allen Kriegsparteien in voller Gegenseitigkeit anzuwenden. Es soll für den angreifenden Staat keine andere Regel gelten als für den angegriffenen Staat.[154] Daraus lässt sich schlussfolgern, dass der Angriffskrieg kein Rechtfertigungsgrund für die Verschleppung von Kulturgütern sein kann.

b) Gegenmaßnahme

Fraglich ist auch, ob Gegenmaßnahmen (früher Repressalien) einen Rechtfertigungsgrund darstellen können.

Eine Gegenmaßnahme stellt eine völkerrechtswidrige Reaktion eines Staates auf das vorherige völkerrechtswidrige Verhalten eines anderen Staates dar, wodurch Wiederherstellung- und Wiedergutmachungsansprüche erzwungen werden sollen.[155]

Gemäß Art. 53 ZP I ist es verboten, geschichtliche Denkmäler, Kunstwerke oder Kultstätten, die zum kulturellen oder geistigen Eigentum der Völker gehören, zum Gegenstand von Gegenmaßnahmen zu machen. In der Haager Konvention fand sich das Verbot in Art. 4 HK-1954, wobei hier die Kultstätten nicht miteinbezogen sind.

---

150 AVR 2000, Band 38, S. 91.

151 Text: Deutsches Reichsgesetzblatt Teil II, 1929, S. 97.

152 Text: Deutsches Reichsgesetzblatt Teil II, 1939, S. 968 f.

153 Übersetzt: „Das Recht zum Krieg".

154 *Doehring*, Völkerrecht, Rn. 581.

155 *Herdegen*, Völkerrecht, §59, Rn. 6; Art. 49 ff. ILC-Entwurf zur Staatenverantwortlichkeit.

Es ist anzunehmen, dass das Gegenmaßnahmenverbot beim Kulturgüterschutz schon seit dem Wiener Kongress im Jahre 1815 völkergewohnheitsrechtlich anerkannt ist.[156]

So wurden zum Beispiel im Zweiten Weltkrieg von der Sowjetunion Gegenmaßnahmen auf den Angriffskrieg ergriffen, was jedoch zu diesem Zeitpunkt schon verboten war.

c) Geschäftsführung ohne Auftrag

Die Geschäftsführung ohne Auftrag ist im nationalen deutschen Recht in den §§677 ff. BGB[157] geregelt.

Fraglich ist allerdings, ob diese auch im Völkerrecht existiert.

Nach einer Meinung ist das Rechtsinstitut der Geschäftsführung ohne Auftrag dem Völkerrecht fremd. Die internationale Verantwortlichkeit liegt dann beim handelnden Völkerrechtssubjekt selbst.[158] Eine andere Ansicht hingegen erkennt die Geschäftsführung ohne Auftrag im Völkerrecht an. Zwar lässt sich eine völkergewohnheitsrechtliche Anerkennung der Geschäftsführung ohne Auftrag als eigenständiges Institut nicht begründen, allerdings sind einige Regelungskomplexe des Völkergewohnheitsrechts Ausdruck von Rechtsgedanken, auf denen auch Rechtsgrundsätze der Geschäftsführung ohne Auftrag beruhen.[159]

Die Verschleppung von Kulturgütern zum Schutz vor dem Krieg könnte eine denkbare Möglichkeit darstellen. Der Geschäftsführer würde dann im Interesse des Geschäftsherrn handeln und im Hinblick darauf die Kulturgüter bis zum Ende des Krieges verwahren, damit diese nicht zerstört oder anderweitig verschleppt werden.

Ein Rechtfertigungsgrund aus der Geschäftsführung ohne Auftrag ist im Einzelfall mithin möglich.

5. Verschulden

Fraglich ist allerdings, ob ein Verschulden erforderlich ist. Dies ist in der Literatur umstritten.[160] Der ILC-Entwurf zählt die Schuld nicht zum Begründungstatbe-

---

156 *Herdegen*, in: *Dolzer/Jayme/Mußgnug*, Rechtsfragen des internationalen Kulturgüterschutzes, S. 163; *Engstler*, Die territoriale Bindung von Kulturgütern, Diss., S. 220.

157 Vorliegend das Bürgerliche Gesetzbuch.

158 *Delbrück/Wolfrum*, in: *Dahm*, Völkerrecht, Bd. I/3, S. 921.

159 *Herdegen*, Geschäftsführung ohne Auftrag (negotiorum gestio) im Völkerrecht, in: FS Doehring, S. 312.

160 *v. Münch*, Das völkerrechtliche Delikt, S. 152 ff.; a.A: *Schröder*, in: *Vitzthum*, Völkerrecht, S. 586; *Verdross/Simma*, Universelles Völkerrecht, S. 854.

stand der völkerrechtlichen Verantwortlichkeit.[161] Die Verschleppung von Kulturgütern ist eine Tat, die nur vorsätzlich begangen werden kann. Aus diesem Grund ist ein Verschulden in Bezug auf den Kulturgüterschutz nicht notwendig.

6. Schaden

Auch umstritten ist, ob ein Schaden notwendig ist.[162] In Anbetracht der Tatsache, dass bei der Zerstörung oder Verschleppung eines Kulturguts automatisch ein Vermögensschaden oder ein immaterieller Schaden entsteht, ist die Voraussetzung eines Schadens bezüglich des Kulturgüterschutzes nicht sinnvoll.

7. Rechtsfolgen

Bei Vorliegen eines völkerrechtlichen Delikts obliegt dem verletzenden Staat gemäß Art. 34 ILC-Entwurf eine Wiedergutmachungspflicht. Es handelt sich um einen allgemeinen Rechtsgrundsatz, welcher durch Bestätigungen auf internationaler Ebene auch gewohnheitsrechtlich Geltung erlangt.[163]

a) Restitution

aa) Naturalrestitution

Die Restitution von verschleppten Kulturgütern stellt eine mögliche Rechtsfolge dar. Bestes Beispiel ist die Restitution der Raubkunst nach dem Zweiten Weltkrieg.[164] Gemäß Art. 35 ILC-Entwurf unterliegt ein für völkerrechtswidriges Handeln verantwortlicher Staat der Verpflichtung Wiederherstellung zu leisten. Dabei gilt es, die Situation wiederherzustellen, die vorher bestanden hat. Diese darf aber nicht tatsächlich unmöglich sein oder außer Verhältnis zum dem Vorteil stehen, der durch Schadensersatz erreicht werden würde. Bei der Verschleppung von Kulturgütern bedeutet das, dass die Rückführung der Güter gewährleistet werden muss. Vertraglich ist die Restitution von Kulturgütern an die Ursprungsländer einzig und allein bei der Wiener Konvention über die Staatennachfolge in Vermögen, Archive und Schulden von Staaten von 1983[165] geregelt worden. Wird die Dekolonialisie-

---

161 *Zemanek*, Schuld- und Erfolgshaftung, in: FS Bindschedler, S. 324-331.

162 *Kunig*, JURA, 1986, S. 350; a.A: *v.Arnauld*, Völkerrecht, Rn. 391.; *Verdross/Simma*, Universelles Völkerrecht, S. 853 ff.

163 *v.Arnauld*, Völkerrecht, Rn. 427.

164 Mehr dazu: *Kaufmann*, Archiv des Öffentlichen Rechts, 1949, S. 13 ff.; *Hartung*: Kunstraub in Krieg und Verfolgung. Die Restitution der Beute- und Raubkunst im Kollisions- und Völkerrecht, 2004, S. 66 ff.

165 Legal Law Materials 22, Vienna Convention on Succession of States in Respect of State Property, Archives and Debts, vom. 08.04.1983, S. 306 ff.

rung als Unterfall der Staatensukzession verstanden, so ist die Konvention als Rechtsgrundlage für die Restitution von Kulturgütern an die Ursprungsländer zu verstehen.[166] Daher stellt der Restitutionsanspruch grundsätzlich die Rückgabe *in natura* dar.

bb) Restitution in kind

In Anknüpfung an das deliktische Handeln, falls die Rückgabe der Kulturgüter *in natura* nicht mehr möglich ist, soll die *restitution in kind* Anwendung finden. Dabei handelt es sich um die Befugnis, bei kriegsbedingtem Verlust eines wichtigen Kulturguts durch Aneignung eines gleichwertigen Kulturguts das Defizit auszugleichen.[167] Es stellt sich mithin die Frage, ob dieser Ausgleich sich auch auf kriegsbedingte Verluste anderer Art beziehen kann. Die *restitution in kind* wird als eine besondere Form der Reparation angesehen.[168] Geklärt wurde diese Frage im CORC.[169] Trotzdem kam eine *restitution in kind* nicht zustande, weil die Sowjetunion jegliche Informationen über deutsche Kulturgüter, und die USA ihre organisatorische Mitarbeit verweigerte.[170]

cc) Kompensatorische Restitution

Im Beutekunstgesetz vom 15. April 1998[171] wird die *kompensatornaja restitucja*[172] zum ersten Mal erwähnt.

Gemäß Art. 4 des Beutekunstgesetzes handelt es sich bei einer kompensatorischen Restitution um eine Art der materiellen völkerrechtlichen Haftung des Aggressorstaats, die in Fällen angewandt wird, in denen die Realisierung der Haftung in Form einer gewöhnlichen Restitution unmöglich ist. Daher besteht eine Verpflichtung in dem Sinne, dass der eine Staat dem anderen Staat den materiell zugefügten Schaden durch die Übergabe eines Gegenstandes, der den gleichen Wert besitzt, kompensiert.

---

166 *Odendahl*, Kulturgüterschutz, S. 187.

167 *Hartung*, Kunstraub in Krieg und Verfolgung, S. 73.

168 *Seidl-Hohenveldern*, RGDIP, S. 395 ff.

169 Coordinating Comittee of the Allied Control Council, vgl. dazu: *Turner*, in: *Fiedler*, Internationaler Kulturgüterschutz und deutsche Frage, S. 123.

170 *Turner*, in: *Fiedler*, Internationaler Kulturgüterschutz und deutsche Frage, S. 123.

171 Das „Föderale Gesetz über die infolge des Zweiten Weltkriegs in die UdSSR verbrachten und sich im Hoheitsgebiet der Russischen Föderation befindenden Kulturgüter" abgedruckt in: AVR, 2000, Band 38, S. 72 ff.

172 Übersetzt „Kompensarische Restitution"

In Art. 6 des Beutekunstgesetzes steht, dass alle Kulturgüter, die in Wahrnehmung des Rechts auf kompensatorische Restitution in die UdSSR verbracht wurden und sich im Hoheitsgebiet der Russischen Föderation befinden, auch im Besitz und Eigentum Russlands stehen.

Die Argumentation der russischen Föderation folgt daraus, dass selbst die *restitution in kind* damals nicht existiert hätte und daher die „Einverleibung“ der Kulturgüter auch legitim sei.[173] Damals war selbst zwischen den Alliierten die *restitution in kind* umstritten und daher auch nicht zulässig.[174]

In Bezug auf den Kulturgüterschutz ist eine kompensatorische Restitution ohnehin nicht sinnvoll. Ein Kulturgut ist gerade deshalb einzigartig, weil es nicht zu ersetzen ist. Ein Wertvergleich von Kulturgütern erscheint daher auch kaum möglich. Des Weiteren widerspricht die Verwendung von Kulturgütern zu Kompensationszwecken in Form der kompensatorischen Restitution oder auch der *restitution in kind* den Grundprinzipien des Kulturgüterschutzes.[175]

Eine begriffliche Unterscheidung der *restitution in kind* von der kompensatorischen Restitution ist nicht notwendig. In der Literatur kommt beiden Begriffen die gleiche Bedeutung zu.

dd) Fazit

Bei Betrachtung der Restitutionsmöglichkeiten ergibt sich, dass die Naturalrestitution als einzig mögliche Wiederherstellungsmöglichkeit verbleibt. Weder die *restitution in kind* noch die kompensatorische Restitution stellen Völkergewohnheitsrecht dar. Am Beispiel des Konflikts zwischen Russland und Deutschland ist dies deutlich erkennbar. So ist, laut der russischen Seite, die Einbehaltung der Kulturgüter von einer Art kompensatorischen Restitution gedeckt.[176]

In Anbetracht des Kulturgüterschutz ist eine Kompensation von einzigartigen Kulturgütern in Form von anderen Kulturgütern weder sinnvoll noch möglich. Aus diesem Grund ist eine solche Argumentation der russischen Seite auch nicht zulässig.

---

173 *Rudolph*, Restitution von Kunstwerken, S. 59.

174 Mehr dazu: *v. Schorlemer*, GYIL, Vol. 41, S. 331; a.A: *Baufeld*, Kulturgutbeschlagnahmen, S. 147 ff.

175 *Stumpf*, Kulturgüterschutz im internationalen Recht, S. 196.

176 http://www.sueddeutsche.de/kultur/eklat-in-deutsch-russischen-beziehungen-man-nennt-es-nun-kompensatorische-restitution-1.250697 (Abruf: 15.03.2017).

b) Schadensersatz

Gemäß Art. 36 ILC-Entwurf ist eine Wiedergutmachung in Wertersatz notwendig, soweit eine Restitution unmöglich ist. Eine Naturalrestitution ist unmöglich, wenn nach Art. 36 I ILC-Entwurf eine Wiederherstellungsmöglichkeit ausbleibt. Der Schadenersatzanspruch deckt gemäß Art. 36 Nr. 2 ILC-Entwurf alle finanziell abschätzbaren Schäden ab. Dies gilt auch für den entgangenen Gewinn, soweit er nachweisbar ist. Darüber hinaus wird bei der Bemessung des Wertersatzes nur der adäquat-kausal verursachte Schaden berücksichtigt.[177] Die Höhe des Schadens wiederum bemisst sich nach dem Erfüllungsinteresse zuzüglich eines Kompensationsanspruchs, der durch die Zerstörung des Kulturguts entstanden ist. Darüber hinaus können auch immaterielle Schäden entstehen, wenn die nicht erbrachte Leistung bzw. der Wert des Kulturguts nicht bezifferbar ist.[178] Auch ein symbolisches Verhalten, wie zum Beispiel eine offizielle Entschuldigung, kann als Ausgleich gewertet werden.[179]

c) Genugtuung

Gemäß Art. 37 ILC-Entwurf ist die Genugtuung auch eine Rechtsfolge der Staatenverantwortlichkeit. Gemäß Art. 37 Nr. 1 ILC-Entwurf tritt sie in Erscheinung, wenn die Naturalrestitution oder der Schadensersatz keine Anwendung finden. Außerdem ist die ausdrückliche Übernahme der Verantwortung für das völkerrechtswidrige Verhalten sowie das Versprechen, dass das völkerrechtswidrige Verhalten nicht wiederholt wird, notwendig.[180]

8. Rückgabeausschluss

Des Weiteren ist zu überprüfen, ob Rückgabeausschlüsse im Form einer Verjährung, einem Verzicht oder Zurückbehaltungsrechten vorliegen.

a) Verjährung

Verjährung bedeutet, dass der Ablauf einer bestimmten Zeit Rechte schaffen oder zum Erlöschen bringen kann. Unterschieden werden muss zwischen der *usucapio*[181] (acquisitive prescription) und der erlöschenden Verjährung (extinctive prescripti-

---

177 *Ipsen*, in: *Ipsen*, Völkerrecht, §30, Rn. 66.

178 *Doehring*, Völkerrecht, Rn. 839.

179 Wie im I am Alone-Case, (Kanada) v. (U.SA), Reports of International Arbitral Awards, Volume III, S. 1609 ff. vom 30. Juni 1933 und 5. Januar 1935.

180 *Ipsen*, in: *Ipsen*, Völkerrecht, §30, Rn. 67.

181 Übersetzt: Ersitzung.

on).[182] Der Zeitablauf begründet entweder einen Erwerbstitel oder verhindert die Möglichkeit zur weiteren Geltendmachung einer Rechtsposition.[183]

Die erlöschende Verjährung hat in der Rechtspraxis weite Verbreitung gefunden. Sie ist ein allgemein anerkannter Rechtssatz gemäß Art. 38 I lit. c) IGH-Statut. Ursprünglich gilt die erlöschende Verjährung seit einer Resolution des Institut de Droit von 1925[184] und einem internationalen Schiedsurteil.[185]

Fraglich ist allerdings, ob die Regeln der erwerbenden Verjährung nicht sachgerechter sind als die der *usucapio.* Die Rechtsprechung hat in Bezug auf den Kulturgüterschutz die erwerbende Verjährung nur in Verbindung mit Gebietserwerb angewandt, wodurch der Anspruch auf die Rückgabe von Kulturgut diesem nicht entgegengehalten werden kann.[186]

Für die Annahme einer *usucapio* spricht bei Restitutionsfällen die Sach-und Interessenlage. Entscheidend ist, ob der Zeitablauf in der gegenwärtigen Besitzlage einen Erwerbstitel begründen kann.[187]

Soweit es nicht in einem völkerrechtlichen Vertrag bestimmt wurde, existieren nach allgemeiner Ansicht keine genau festgelegten Verjährungsfristen.[188] Die Literatur vertritt teilweise die Ansicht, dass die Verjährung zwischen Staaten bezüglich der Restitution von Kulturgütern keine Anwendung findet.[189]

Eine Ausnahme der Verjährung könnte sich ergeben, wenn es sich um Kriegsverbrechen handelt. Kriegsverbrechen liegen gemäß Art. 8 II lit. a) iv, lit. b) xiii und xvi IstGH-Statut[190] auch vor, wenn Kulturgüter verschleppt werden. Kriegsverbrechen sollen nach internationalem Recht von der Verjährung ausgenommen werden.[191] Die strafrechtliche Verfolgung von Kriegsverbrechen soll dadurch für eine längere Zeit gewährleistet werden. Dies macht bezüglich der Verschleppung

---

182 *Fleischhauer,* Verjährung, in: *Strupp/Schlochauer,* Wörterbuch, Band 3, S. 509.

183 *Fleischhauer,* Verjährung, in: *Strupp/Schlochauer,* Wörterbuch, Band 3, S. 509; *Hartung,* Kunstraub in Krieg und Verfolgung, S. 251.

184 Entnommen aus: Annu. de'l Institut de Droit International (1925), S. 558 ff.

185 Vorliegend im Fall: Sarropoulos v. Bulgarian State durch das Graeco-Bulgarian Mixed Arbitral Tribunal AD 4 (1927-1928), No. 162.

186 *Stumpf,* Kulturgüterschutz im internationalen Recht, S. 253; *Fleischhauer,* Verjährung, in: *Strupp/Schlochauer,* Wörterbuch, Band 3, S. 509.

187 *Hartung,* Kunstraub in Krieg und Verfolgung, S. 252.

188 *Fleischhauer,* Verjährung, in: *Strupp/Schlochauer,* Wörterbuch, Band 3, S. 512; *Walter,* Rückführung von Kulturgut, S. 89 f.

189 *v. Schorlemer,* GYIL, Vol. 41, S. 333.

190 Vorliegend: Römisches Statut des Internationalen Strafgerichtshofs, A/CONF 183/9 vom 17. Juli 1998.

191 *Walter,* Rückführung von Kulturgut, S. 92; *Stumpf,* Kulturgüterschutz im internationalen Recht, S. 253.

von Kulturgütern allerdings nur Sinn, wenn nicht nur der Täter bestraft, sondern auch den Staaten die Verantwortung diesbezüglich übertragen wird.[192] Das würde dazu führen, dass dem kriegsführenden Staat das Fehlverhalten seiner Truppen als eigenes Kriegsverbrechen zugerechnet wird und dieser für die Rückführung der verschleppten Kulturgüter ohne zeitliche Begrenzung einzustehen hat.[193]

Diese Ansicht überzeugt. So ist die Sowjetunion nach dem Zweiten Weltkrieg durch die Verschleppungen des Militärs in den Besitz von deutschen Kulturgütern gekommen. Dadurch, dass der Staat die Verantwortung diesbezüglich übernehmen muss, entsteht keine Verjährung, und insoweit hat Deutschland noch immer Restitutionsansprüche gegenüber dem Russischen Staat.

b) Estoppel-Prinzip

Das Estoppel-Prinzip drückt die Verwirkung von Ansprüchen aus. Sie ist ergänzend zur Verjährung zu betrachten. Eine Verwirkung liegt vor, wenn der Verpflichtete, aufgrund vorhergehenden Verhaltens des Berechtigten, nicht mehr damit rechnen muss, mit Forderungen überzogen zu werden.[194]

Ausnahmsweise muss der Verpflichtete aber mit Forderungen rechnen, wenn er dem anderen Staat verschwiegen hat, dass er in Besitz von Kulturgütern ist, die auf seinem Gebiet waren. Aufgrund der fehlenden Kenntnis ist es dem Staat nicht möglich, dem Verpflichteten gegenüber Restitutionsansprüche geltend zu machen. Es würde einem *venire contra factum proprium* gleichstehen, wenn aus der Unkenntnis ein konkludenter Verzicht entstehen würde.[195]

c) Zurückbehaltungsrecht

Das Zurückbehaltungsrecht existierte schon in der Antike in Form von Reparationen. Bis zum Wiener Kongress 1815 wurden auch Kulturgüter als Reparationen geltend gemacht.[196] Nach Art. 36 des Lieber-Code durften Kulturgüter beschlagnahmt und abtransportiert werden. Sie wurden so lange zurückbehalten, bis ihr Schicksal in einem Friedensvertrag geklärt wurde. Die Beschlagnahme von Kulturgütern wurde schon durch Art. 8 der Brüsseler Deklaration und Art. 56 II HLKO verboten. Nach *Turner* existiert dieses Verbot aber nicht ausdrücklich im *ius post*

192 *Walter*, Rückführung von Kulturgut, S. 92 f.

193 *Walter*, Rückführung von Kulturgut, S. 93; *Stumpf*, Kulturgüterschutz im internationalen Recht, S. 255.

194 *Stumpf*, Kulturgüterschutz im internationalen Recht, S. 255.

195 So auch: *Stumpf*, Kulturgüterschutz im internationalen Recht, S. 255.

196 *Jenschke*, Der völkerrechtliche Rückgabeanspruch, S. 260.

bellum.[197] Der Wortlaut des Art. 56 HLKO schließt nicht aus, dass ein Zurückbehaltungsrecht auf vertraglichem Wege existieren kann.[198] Heutiges Völkerrecht verbietet die Heranziehung von Kulturgütern als Reparationsobjekt. Es besteht ein völkergewohnheitsrechtliches Verbot. Dieses wurde sogar nach dem Zweiten Weltkrieg von den Alliierten bestätigt.[199] Daher ist *Turners* Aussage auch nicht ganz richtig. Das Zurückbehaltungsrecht stellt bezüglich des Kulturgüterschutzes keinen Rückgabeausschluss dar.

II. Resümee

Historisch gesehen hat sich das Völkerrecht bezüglich der Verschleppungen stets gewandelt. Es haben sich völkerrechtliche Rechtsgrundlagen entwickelt, die eine Staatenhaftung auslösen. Aus der allgemeinen Staatenhaftung heraus wurde durch den ILC Entwurf zur Staatenverantwortlichkeit das Völkergewohnheitsrecht teilweise kodifiziert. Zudem hat er zur Entwicklung des Völkerrechts beigetragen. Der Staat muss mithin für seine Organe und auch für einzelne Delikte der Individuen haften. Ihre Deliktsfähigkeit ist grundsätzlich anzunehmen.

Verschleppungen von Kulturgütern sind völkerrechtlich rechtswidrig. Sie sind zu keiner Zeit zu rechtfertigen, außer es handelt sich um Schutzmaßnahmen. Zudem ist das Einbehalten von Kulturgütern zwecks Reparationen nicht möglich. Falls es trotzdem geschieht, besteht ein Schadensersatzanspruch des verletzten Staates gegenüber dem verletzenden Staat. Außerdem kann im Kulturgüterschutzrecht keine Verjährung stattfinden. Selbst 300 Jahre nach dem Dreißigjährigen Krieg[200], nach dem Beschluss in der Wiener Konvention 1815, wurden Bestände der Bibliotheka Palatina zurückgegeben.[201]

III. Das neue Kulturgutschutzgesetz

Am 31. Juli 2016 ist das neue Kulturgutschutzgesetz (KGSG) in Deutschland in Kraft getreten.[202] Dieses Gesetz dient der Umsetzung der Richtlinie 2014/60/EU[203] des Europäischen Parlaments und des Rates vom 15. Mai 2014 über die Rückgabe von unrechtmäßig aus dem Hoheitsgebiet eines Mitgliedstaats

---

197 Übersetzt: „Das Recht im Krieg".

198 *Turner*, in: *Fiedler*, Internationaler Kulturgüterschutz und deutsche Frage, S. 133.

199 *Jenschke*, Der völkerrechtliche Rückgabeanspruch, S. 261.

200 Dieser fand von 1618-1648 statt.

201 *Schoen*, Der rechtliche Status von Beutekunst, S. 51.

202 Text: Bundesgesetzblatt Teil I, 2016, S. 1914.

203 Richtlinie des europäischen Parlaments und des Rates über die Rückgabe von unrechtmäßig aus dem Hoheitsgebiet eines Mitgliedstaates verbrachten Kulturgütern und zur Änderung der Verordnung (EU) Nr. 1024/201; Text: PE-CONS 55/1/14 REV 1.

verbrachten Kulturgütern und zur Änderung der Verordnung. Sinn und Zweck dieser Regelung ist es den Kulturgüterhandel in den europäischen Staaten einzudämmen. Vor allem Deutschland gilt als eines der wichtigsten Länder in Bezug auf den Kulturgüterhandel. Die verschleppten Kulturgüter werden in hoher Zahl dort verkauft. Nachweislich hat auch der sogenannte Islamische Staat schon mehrere Millionen US Dollar mit der Verschleppung der Kulturgüter verdient.[204]

Das neue KGSG soll erstmals beide Dimensionen des Kulturgutschutzes miteinander in einem einheitlichen Gesetz verbinden. Dazu zählt sowohl der Schutz von Kulturgut in Deutschland, als auch der Schutz von Kulturgut ausländischer Staaten. Hierdurch soll eine Regulierung erreicht werden, die bisherige Redundanzen vermeidet, Querverweise zwischen verschiedenen Gesetzen überflüssig macht sowie EU- und völkerrechtliche Vorgaben systematisch und schlüssig umsetzt.[205]

Es ist positiv festzustellen, dass bezüglich der Verschleppung und des darauffolgenden Handelns neue Gesetze und Wege eingeleitet werden. Zu bedenken gilt aber, dass die Novellierung des Kulturgutschutzgesetzes auch einiges an Kritik nach sich zieht.[206] Die Ausarbeitung dieser Problematik würde den Umfang dieser Arbeit jedoch überschreiten.

---

204 Siehe unten: E. IV. 1.

205 *Winands/List*, KuR 2016, S. 198.

206 Mehr dazu: *Sturm*, KuR 2016, S. 73 f; *Hartmut Kreutzer*, Neuregelung des Kulturgutschutzgesetzes, in: Kunst und Auktionen, 20/2015; Kritisch: *Hans Ottomeyer*, Abverkaufsland Deutschland, in: Kunst und Auktionen, 07/2016.

D. Vierter Teil: Haftung für die Zerstörung von Kulturgütern mit besonderer Rücksicht auf den „Islamischen Staat“

Die Zerstörung von Kulturgütern im oder nach dem Krieg stellt wie die Verschleppung eine Verletzung des Kulturgüterschutzes dar. Vor allem unbewegliche Kulturgüter wurden in der Vergangenheit in großer Zahl zerstört. So haben beispielsweise auch die Pyramiden und Sphinx den modernen Krieg nicht unbeschädigt überstanden.[207]
Der folgende Teil behandelt die Haftung für die Zerstörung von Kulturgütern. Besonderes Interesse gilt dem sogenannten „Islamischen Staat“[208].

I. Rechtsgrundlagen

Zunächst ist zu untersuchen, ob hinsichtlich der Zerstörung Normverstoße existieren. Diesbezüglich ist eine völkerrechtliche und eine historische Betrachtungsweise notwendig. Die Normen unterscheiden sich von denen, die bei der Verschleppung Anwendung finden.

1. Haager Landkriegsordnung

In der Haager Landkriegsordnung von 1907 wurde kein generelles Verbot der Beschädigung ausgesprochen. In Art. 25 HLKO wurde festgelegt, dass unverteidigte Städte, Siedlungen und Gebäude nicht angegriffen oder bombardiert werden dürfen. Zentrale Norm ist hier Art. 27 I HLKO. Danach sollte ein Mindestschutz vor Zerstörung von Kulturgütern garantiert werden. Diese Normen führen aber allenfalls zu einer Schonung von Kulturgütern und schützen sie nicht vollumfänglich.

2. Roerich-Pakt

Der Roerich-Pakt vom 15. April 1935[209] gilt als die erste ausschließlich dem Kulturgüterschutz dienende Abmachung über den Schutz von künstlerischen und wissenschaftlichen Einrichtungen und geschichtlichen Denkmälern. Der Roerich-Pakt wurde von der Panamerikanischen Union, die aus 21 amerikanischen Staaten besteht, unterzeichnet und von zehn amerikanischen Staaten sogar ratifiziert. Gemäß Art. 1 des Roerich-Paktes müssen unbewegliche Kulturgüter einen Neutralitätsstatus bekommen, damit sie besonderen Schutz genießen. Nach Art. 2 und 3 des Paktes müssen Kulturgüter eine Kennzeichnung bekommen. Nach Art. 4 und 5 des

---

[207] Der Großen Sphinx von Gizeh wurde durch die Artellerie Buonapartes im Jahre 1798/99 die Nase abgeschossen.

[208] Hier kurz „IS“.

[209] Treaty on the Protection of Artistic and Scientific Institutions and Historic Monuments (Roerich Pact) Washington, 15. April 1935; findet Erwähnung bei: *Gornig*, in: *Gornig/Horn/Murswiek*, Der internationale Kulturgüterschutz, S. 34; *Stumpf*, Kulturgüterschutz im internationalen Recht, S. 55.

Paktes haben militärisch genutzte, unbewegliche Kulturgüter ihren Schutzanspruch verloren.
Der Roerich-Pakt wurde mit dem Washingtoner Vertrag vom 17. Juli 1937 erweitert. Damit wurde sich nun auch mit dem Schutz von beweglichen Kulturgütern gemäß Art. 8 des Washingtoner Vertrages befasst.[210]
Für Europa hat dieser Roerich-Pakt allerdings keine Bedeutung, weil ihn nur amerikanische Staaten unterzeichnet haben. Für diese ist er aber noch heute gültig.[211]

3. Haager Konvention von 1954

Die Respektierung von Kulturgütern ist die Hauptpflicht gemäß Art. 2 ff. HK-1954. Unterschieden wird zwischen absoluten und relativen Verboten bezüglich der Zerstörung von Kulturgütern.

a) Absolutes Verbot der gezielten Zerstörung

Die sinnlose Zerstörung von Kulturgut ist ausnahmslos und absolut verboten. Gemäß Art. 4 III S.1 HK-1954 müssen die Staaten die sinnlose Zerstörung verbieten, verhindern und auch unterbinden.

b) Relatives Verbot der gezielten militärischen Zerstörung

Gemäß Art. 4 I HK-1954 gilt bei der militärischen Beschädigung oder Zerstörung hingegen nur ein relatives Verbot. Danach dürfen Kulturgüter weder für militärische Zwecke zerstört noch genutzt werden. Dennoch gibt es diesbezüglich Ausnahmen.

So verliert ein Kulturgut gemäß Art. 4 II HK-1954, welches unter einem allgemeinen Schutz steht, durch eine militärische Notwendigkeit seine Schutzfähigkeit.[212]

Bei Kulturgütern unter besonderem Schutz muss gemäß Art. 11 II S.1 HK-1954 eine unausweichliche militärische Notwendigkeit bestehen. Des Weiteren ist nach Art. 11 II S.3 HK-1954 die eine Partei nicht mehr an die Unverletzlichkeit gebunden, solange eine andere Partei die Unverletzlichkeit stört bzw. verletzt.

---

210 Vgl.: *Gornig*, in: *Gornig/Horn/Murswiek*, Der internationale Kulturgüterschutz, S. 34.

211 *v. Schorlemer*, Internationaler Kulturgüterschutz, S. 270.

212 *Forrest*, The Doctrine of Military Necessity and the Protection of Cultural Property During Armed Conflicts, in: California Western International Law Journal, S. 177 ff.

c) Zweites Protokoll zur Haager Konvention

Am 26. März 1999 ist das Zweite Protokoll zur Haager Konvention von 1954 zum Schutz von Kulturgut von bewaffneten Konflikten ausgefertigt worden.[213] Sowie die Zerstörung des Zweiten Weltkriegs die HK-1954 ausgelöst hat, wurde die Ausfertigung des HK-1954 ZP II durch die negativen Erfahrungen aus dem Golfkrieg 1990/91 und dem Bürgerkrieg im damaligen Jugoslawien ausgelöst.[214] Ziel war es die mangelnden Vorkehrungen zu ihrer praktischen Umsetzung sowie die Probleme mit dem Begriff der militärischen Notwendigkeit zu beheben.[215]

Gemäß Art. 6 lit. a) HK-1954 ZP II darf die militärische Notwendigkeit erst geltend gemacht werden, wenn kein milderes Mittel besteht. Des Weiteren soll nach Art. 12 HK-1954 ZP II eine militärische Notwendigkeit keinen Angriff auf Kulturgüter rechtfertigen. Durch Ausnahmen in den Art. 12 ff. HK-1954 ZP II wurde zwar eine Verbesserung des Schutzes herbeigeführt, aber prinzipiell geht auch hier eine militärische Notwendigkeit dem Kulturgüterschutz vor.[216]

4. Zusatzprotokoll von 1977 zu den Genfer Abkommen

Durch die sogenannten Genfer Konventionen vom 12. August 1949 wurden, nach den negativen Erfahrungen des Zweiten Weltkriegs, neue humanitäre Vorschriften ausgearbeitet. Diese enthielten jedoch nur Vorschriften zum Plünderungsverbot, aber keine für den allgemeinen Kulturgüterschutz.[217]

Gemäß Art. 53 ZP I sollen feindselige Handlungen gegen unbewegliche Kulturgüter und die Verwendung solcher zur Unterstützung militärischer Zwecke unterlassen werden. Zudem sollen sie auch nicht zum Gegenstand von Repressalien gemacht werden. In Art. 16 ZP II[218] steht Ähnliches.

Insgesamt sollen diese Vorschriften aber unbeschadet von der HK-1954 Anwendung finden, der eine besondere Bedeutung zukommt.

5. Völkergewohnheitsrecht

Die Haftung für die Verschleppungen von Kulturgütern sind völkergewohnheitsrechtlich anerkannt.[219] Dies muss konsequenterweise auch für die Zerstörung von

---

213 Hier kurz: HK-1954 ZP II; Text: Bundesgesetzblatt Teil II, 2009, S. 717.

214 *Irmscher*, in: *Gornig/Horn/Murswiek*, Der internationale Kulturgüterschutz, S. 78; *Hönes*, DÖV, 2008, S. 912.

215 *Odendahl*, Kulturgüterschutz, S. 123.

216 Odendahl, Der Schutz von Kulturgütern, in: Zimmermann/ Hobe / Odendahl /Kieninger / König / Marauhn / Thorn / Schmalenbach, Moderne Konfliktformen, S. 140.

217 *Irmscher*, in: *Gornig/Horn/Murswiek*, Der internationale Kulturgüterschutz, S. 73.

218 Zusatzprotokoll II vom 08. Juni 1977 zu den Genfer Abkommen vom 12. August 1949 über den Schutz der Opfer internationaler bewaffneter Konflikte; Text: Bundegesetzblatt Teil II, 1990, Nr. 47, S. 1550, 1639.

219 Siehe oben: C., I., c), bb).

Kulturgütern gelten. So müssen beispielsweise alle erforderlichen Maßnahmen im Krieg zur Schonung von unbeweglichen Kulturgütern getroffen werden. Diese Schutzmaßnahme ist völkergewohnheitsrechtlich anerkannt[220] und setzt natürlich auch voraus, dass sie gemäß Art. 27 HLKO gerade nicht gleichzeitig zu einem militärischen Zwecke Verwendung findet. Bei der Zerstörung von Kulturgütern ist die Annahme eines Verstoßes gegen das Völkergewohnheitsrecht gerechtfertigt.

II. Rechtsfolgen

Die Rechtsfolgen für die Zerstörung von Kulturgütern bestehen zum einen aus der Naturalrestitution und zum anderen gegebenenfalls aus einer Genugtuung. Werden unbewegliche Kulturgüter zerstört, so ist eine Restauration bzw. ein Wiederaufbau des zerstörten Gutes erforderlich. Ist aber ein bewegliches bzw. unbewegliches Kulturgut so zerstört, dass eine Wiederherstellung unmöglich ist, dann ist eine Genugtuung in Form eines Schadensersatzes notwendig. Dies muss auch für restaurierte Kulturgüter gelten, die zwar einen Nachbau darstellen, aber den immateriellen Wert des Originals nicht ersetzen können.

III. Der Islamische Staat

1. Einleitung

Der IS ist ein Erscheinungsbild, der für das Völkerrecht teilweise „neu“ ist und daher auch einige Diskurse mit sich zieht. Im Hinblick auf den Kulturgüterschutz stellt der IS das Völkerrecht auf die Probe. Offensichtlich werden Kulturgüter verschleppt und zerstört[221] und dabei gerät das Völkerrecht größtenteils an seine Grenzen. Sinn und Zweck ist es andere Kulturen und dessen Güter auszulöschen und für die eigene Kultur Platz zu schaffen. Aufgrund der Taten des IS könnte dem Völkerrecht ein Durchbruch gelingen, der für einen intensiveren Kulturgüterschutz sorgen könnte.

---

220 *v. Schorlemer*, Internationaler Kulturgüterschutz, S. 76.

221 Näheres siehe unten.

2. Entstehung[222]

ISIS[223] ist unter diesem Namen offiziell im April 2013 entstanden. Es handelt sich um eine Abkapselung aus der früheren al-Qaida. Am 27. Dezember 2005 ernannte der frühere al-Qaida-Anführer Osama Bin-Laden az-Zarqawi zu seinem Stellvertreter im Irak. Seitdem wurde die az-Zarqawi Gruppe bekannt als die al-Qaida im Irak.[224]

Im Juni 2006 starb az-Zarqawi und sein Nachfolger wurde Abu Abdullah ar-Raschied al-Baghdadi. Dieser gründete im Oktober desselben Jahres den ISI[225].

Im April 2010 verstarb Abu Abdullah ar-Raschied al-Baghdadi aufgrund einer militärischen Operation des irakischen und amerikanischen Militärs.

Abu Bakr al-Baghdadi wurde der Nachfolger und hat sich im April 2013 mit der al-Nusra-Front[226] vereint. Er nannte seine neue Gruppe ISIS.

Der Anführer der Nusra-Front Abu Mohammed al-Jawlani weigerte sich ISIS anzuerkennen. Daraufhin folgten Spannungen, in denen der Anführer der al-Qaida sich auf die Seite der al-Nusra-Front stellte.

Im Juni 2014[227] wurde das Islamische Kalifat[228] proklamiert und Abu Bakr al-Baghdadi wurde zum Kalifen ernannt.[229]

3. Völkerrechtlicher Status

Zu untersuchen ist zunächst der völkerrechtliche Status des IS. Der IS hat ein Kalifat ausgerufen. Er nennt sich selbst „Islamischer Staat". Der Staatsbegriff des Völkerrechts zielt auf eine empirisch greifbare Umschreibung eines Herrschaftsverbandes und zwingt zugleich die Vielgestaltigkeit der Staatenwelt zu einem weiten Staatsbegriff.[230] Nach *Oppenheim* ist die Bildung eines Staates eine Sache von Fak-

---

222 Die komplexe Entstehungsgeschichte wird hier nur kurz zusammengefasst. Für einen tieferen Eindruck siehe: *Cockburn*, The Rise of Islamic State, S. 27ff; *Lister*, The Syrian Jihad, S. 11ff.

223 ad-dawla al-Islamiyya fi al-Irak wa asch-Scham – kurz „DAISH" (Übersetzt: „Islamischer Staat im Irak und Groß-Syrien").

224 *Naji*, Islamischer Staat, S. 14.

225 ad-Daula al-islamiyyah fil-irak (Übersetzt: „Islamischer Staat im Irak").

226 Mehr dazu: *Said*, Islamischer Staat, S. 90 ff.

227 „1.Ramadan 1435 Hijiri".

228 Kurz: „IS"; http://www.independent.co.uk/news/world/middle-east/isis-declares-new-islamic-state-in-middle-east-with-abu-bakr-al-baghdadi-as-emir-removing-iraq-and-9571374.html (Abruf: 20.03.2017).

229 *Naji*, Islamischer Staat, S. 15.

230 *Herdegen*, Völkerrecht, §8, Rn. 2.

ten, nicht von Gesetzen.[231] Doch zur Gründung eines Staates muss die Drei-Elementen-Lehre von *Jellinek*[232] beachtet werden. Es wird ein Staatsgebiet, ein Staatsvolk und eine Staatsgewalt vorausgesetzt. Es ist zu überprüfen, ob der IS diese Anforderungen, um einen Staat zu gründen, erfüllt.

a) Staatsgebiet

Ein Staatsgebiet beschreibt sowohl den Raum seiner territorial bezogenen Herrschaftsgewalt als auch den Raum, der seiner Verfügungsbefugnis unterfällt.[233] Der IS hat Teile des Iraks und Syriens besetzt und an Gebiet gewonnen. Ob es sich nunmehr um ein Staatsgebiet handelt, ist festzustellen.

Ein großer Teil des Iraks und Syriens liegt in der Hand des IS. Das Gebiet des IS variiert aus Eroberungen und Rückeroberungen und bildet noch kein stabiles Staatsgebiet. Dabei gilt auch zu beachten, dass es sich bei den Eroberungen quasi um „Kanäle" handelt. Bei Einzeichnung auf der Karte wirkt es wie längliche Straßenabschnitte. Ein Staatsgebiet im völkerrechtlichen Sinne liegt hier also noch nicht vor.

Eine Karte vom 13. August 2015 zur Verdeutlichung: [234]

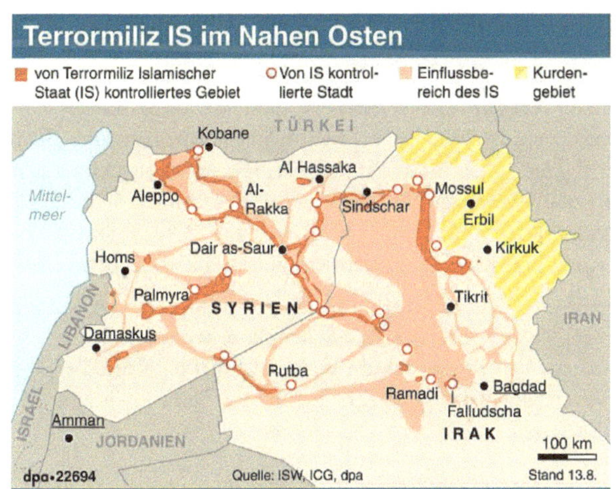

231 *Oppenheim*, International Law, Vol. 1, S. 264.

232 *Jellinek*, Allgemeine Staatslehre, S. 396 ff.

233 *Epping*, in: *Ipsen*, Völkerrecht, §5, Rn. 3; *Herdegen*, Völkerrecht, §8, Rn. 5.

234 http://www.focus.de/fotos/terrormiliz-is-im-nahen-osten_id_4940117.html (Abruf: 15.06.2017).

b) Staatsvolk

Fraglich ist allerdings, ob ein Staatsvolk gegeben ist. Ein Staatsvolk ist ein auf Dauer angelegter Verbund von Menschen, über den der Staat die Hoheitsgewalt im Sinne der Gebietshoheit und bei außerhalb des Hoheitsgebiets lebenden Personen die der Personalhoheit inne hat.[235] Dabei muss beachtet werden, dass nicht eine gewisse Anzahl an Menschen dort leben muss.[236] Es muss sich um ein stabiles Staatsvolk handeln, nicht um ein nomadisches.[237]

Der IS operiert unabhängig von anderen Staaten. Er hat in seinem Staatsgebiet das Gewaltmonopol inne und wird auch von einem gewissen Teil der Bevölkerung unterstützt. Es leben ca. acht Millionen Menschen im beherrschten Gebiet des IS, die der sunnitischen Religionsgemeinschaft angehören. So gesehen könnte sich daher ein Staatsvolk herausbilden.

Eine andere Ansicht könnte aber daraus folgen, dass der IS gar keinen Staat im völkerrechtlichen Sinne anstrebt. Dadurch kann er kein abgrenzendes Territorium mit einem Staatsvolk besitzen.[238] Außerdem haben die „Einwohner im IS" keine bzw. die syrische oder irakische Staatsbürgerschaft.

Ob eine Abzielung auf die Staatsbürgerschaft oder auf Staatsgrenzen ein Staatsvolk begründet, ist problematisch. Die Tatsache, dass die Bevölkerung keine Staatsbürgerschaft des IS, sondern die von Syrien, Irak und Libanon hat ist kein Kriterium für die das Ausscheiden der Staatlichkeit.[239] In der früheren Vergangenheit hat sich oftmals gezeigt, dass „willkürlich gezogene Grenzen" dennoch dazu führen können, dass sich ein Staatsvolk herausbildet. Eine gewisse Verbundenheit zum Staat, sowie ein Zusammengehörigkeitsgefühl ist nicht erforderlich. Als Beispiel zu nennen ist hier das „Sykes-Picot-Abkommen". Nach diesem Abkommen wurden die Grenzen des Nahen Ostens quasi mit einem Lineal gezogen. Die Völker selbst wurden nicht gefragt.[240] Auch hier wurde trotzdem ein Staatsvolk angenommen.

Der IS hat zwar mehrere tausend Unterstützer, in Form von Soldaten oder Mitgliedern der zivilen Bevölkerung. Dennoch ist kein Staatsvolk erkennbar. Der IS besteht größtenteils aus Soldaten. Ein Staatsvolk im völkerrechtlichen Sinne benötigt einen Verbund von Menschen, die einen gewissen staatlichen Zusammenhang aufzeigen. Dies ist hier nicht existent.

---

235 *Epping*, in: *Ipsen*, Völkerrecht, §5 Rn. 76.

236 *Shaw*, International Law, S. 199.

237 Western Sahara Case, ICJ Reports 1975, S. 12ff.

238 *Burchardt/Peters*, Der Staat in globaler Perspektive, S. 258.

239 *Shaw*, International Law, S. 199.

240 *Khella*, Syrien – von der Wiege der Menschheit bis zur Krise, S. 51.

c) Staatsgewalt

Zuletzt muss auch eine Staatsgewalt vorliegen. Diese beschreibt die Fähigkeit, eine Ordnung auf dem Staatsgebiet zu organisieren und nach außen selbstständig und von anderen Staaten rechtlich unabhängig im Rahmen und nach Maßgabe des Völkerrechts zu handeln.[241] Von zentraler Bedeutung für die Staatsqualität ist die Ausübung einer effektiven und dauerhaften Staatsgewalt.[242]

Fraglich ist daher, ob bei dem IS nicht der *ex factis ius non oritur*[243] Grundsatz gilt und es an der Dauerhaftigkeit fehlt.

Zunächst kann eine Dauerhaftigkeit nur als Anhaltspunkt für das Vorliegen effektiver Staatsgewalt anzusehen sein. Auch die Interessen anderer Staaten müssen betroffen sein. In der Literatur hat die Bedeutung der Dauerhaftigkeit der Staatsgewalt bezüglich des IS noch keine wesentliche Berücksichtigung gefunden.

Im vorliegenden Fall handelt es sich dabei um die Interessen Iraks und Syriens. Problematisiert werden muss daher, ob der IS nach Ablauf einer gewissen Zeit einen dauerhaften Charakter zugeschrieben bekommt. Dies ist hier zu verneinen. Der IS hat gewaltsam und ohne Zustimmung des Volkes ein Kalifat ausgerufen. Es liegt ein Unrechtstatbestand vor, der völkerrechtlich nicht legitim sein kann. Es fehlt schon an der Dauerhaftigkeit der Staatsgewalt. Falls sich der IS aber mit der Zeit durchsetzt und eine dauerhafte Staatsgewalt bilden kann, so kann er auch einen Staat ausrufen.

Nach *Rose* könnte sich allerdings ein „Quasi-Staat" entwickelt haben.[244] So hat der IS eine Verwaltung, ein Justizsystem und Militär aufgebaut.[245] Zu bedenken gilt hierbei jedoch, dass die Staatsgewalt nicht nur durch solch organisatorische Strukturen alleine begründet werden kann. Eine Dauerhaftigkeit im völkerrechtlichen Sinne ist noch immer nicht erkennbar, sodass solche Strukturen keine völkerrechtliche Legitimität aufweisen können.

d) Konvention von Montevideo

Bei der Konvention von Montevideo[246] wurde eine neue Definition benannt, die als eine Ergänzung der Drei-Elementen-Lehre gesehen werden kann. Nach Art. 1

---

241 *Epping*, in: *Ipsen*, Völkerrecht, §5 Rn. 137.

242 *Epping*, in: *Ipsen*, Völkerrecht, §5 Rn. 140; a.A: *Wagner*, Reine Staatslehre, S. 262.

243 Übersetzt: Recht kann nicht aus Unrecht entstehen.

244 *Rose:* WD BT, Nr. 27/16, S. 1.

245 *Rose:* WD BT, Nr. 27/16, S. 1.

246 Konvention von Montevideo über die Rechte und Pflichten der Staaten von 1933, LNTS No.165, S. 19.

der Konvention von Montevideo muss als vierter Punkt die Fähigkeit, in Beziehungen mit anderen Staaten zu treten, hinzugefügt werden.

Selbst wenn der IS nach der Drei-Elementen-Lehre einen Staat ausgerufen hätte, so würde er an diesem Punkt scheitern. Bisher hat sich offiziell noch kein Staat dazu bekannt mit dem IS in Beziehungen getreten zu sein. Nach heutigem Stand, ist - selbst bei Annahme der Zulässigkeit der Definition der Montevideo-Konvention - völkerrechtlich kein Staat durch den IS gegründet worden.

e) Anerkennung

Nunmehr stellt sich zudem die Frage, ob der IS als Staat akzeptiert werden würde, wenn diesen andere Staaten anerkennen. Grundsätzlich muss ein Staatsgebiet, Staatsvolk und eine Staatsgewalt vorliegen, um einen Staat zu begründen. In jüngerer Vergangenheit ist hier das Beispiel des Kosovo einzuwenden. Dieser hat über keine effektive Staatsgewalt verfügt, da die Staatsgewalt durch die UNMIK[247] und deren Mitarbeiter ausgeführt wurde.[248] Trotzdem wurde der Kosovo als Staat anerkannt.

In der Literatur ist die völkerrechtliche Wirkung der Anerkennung noch immer umstritten.

Nach einer Ansicht soll die Anerkennung von Staaten nur deklaratorisch wirken.[249] Danach soll das Bestehen eines Staates als Völkerrechtssubjekt nicht von der Anerkennung durch andere Staaten abhängen.[250]

Eine andere Ansicht hingegen beruft sich auf die sogenannte konstitutive Theorie.[251] Nur die Anerkennung selbst soll dazu führen, dass die Staatseigenschaft eines Herrschaftsverbandes zugesichert wird.[252] „A state is, and becomes, an International Person through recognition only and exclusively.“[253]

In Bezug auf den IS wirken beide Ansichten als nicht zufriedenstellend. Bei den Gebieten des IS handelt es sich um solche, die von bewaffneten Konflikten umgeben sind. Eine Anerkennung kann aufgrund des Interventionsverbots bei bewaff-

---

247 Steht für: „United Nations Mission In Kosovo“.

248 *Zygojannis*, Die Staatengemeinschaft und das Kosovo, S. 158 f.; *Epping*, in: *Ipsen*, Völkerrecht, §5, Rn. 172.

249 So auch: *Herdegen*, Völkerrecht, §8, Rn. 11; *Epping*, in: *Ipsen*, Völkerrecht, §5, Rn. 175 f.; BVerfGE 36, 1 (22).

250 *Herdegen*, Völkerrecht, §5, Rn. 11.

251 So auch: *Hillgruber* in: *Kempen/Hillgruber*, Völkerrecht, §5 Rn. 14 f.

252 *Epping*, in: *Ipsen*, Völkerrecht, §5, Rn. 175 f.; *Hillgruber* in: *Kempen/Hillgruber*, Völkerrecht, §5 Rn. 14.

253 *Oppenheim/Lauterpracht*, International Law, Vol. 1, S. 125.

neten Konflikten und möglichen Rückeroberungen oder Sezessionen völkerrechtlich nicht erfolgen.[254] Mitunter ist am Beispiel des IS der Übergang zur konstitutiven Theorie kaum erkennbar. Es kann nicht deutlich herausgestellt werden, welche Theorie hier Anwendung finden würde.

Insgesamt führt die Anerkennung von Staaten allerdings nicht zur Begründung der Staatseigenschaft. Sie kann keine so große Wirkung haben. Am Beispiel Rhodesiens ist dies gut erkennbar. Obwohl Portugal und Südafrika diesen als eigenständigen Staat anerkannt haben, ist dieser nie ein Staat im Sinne des Völkerrechts geworden.[255]

Der IS wurde bisher noch nicht von einem anderen Staat anerkannt. Würde der IS durch andere Staaten anerkannt werden, so würde nach den oben genannten Argumenten dieser dennoch kein Staat im völkerrechtlichen Sinne darstellen.

f) Qualifizierter Staatsbegriff

Um die Staatlichkeit einer solchen „Organisation“ wie des Islamischen Staates darzustellen ist gegebenenfalls eine Qualifizierung des Begriffs notwendig.

Dabei muss der Staatsbegriff nicht nur auf einer formellen Ebene dargestellt werden. Hierzu könnten auch durchaus materielle Komponenten einfließen. Die Qualifizierung könnte hier durch die Forderung an ein Mindestmaß an der Einhaltung von Menschenrechten und einer gewissen Beständigkeit einer Zivilisation dargelegt werden. So hat auch im 4. Jahrhundert Augustinus von Hippo schon gesagt: "Nimm das Recht weg – was ist dann ein Staat noch anderes als eine große Räuberbande".[256]

Auf den IS angewendet, ist eine Qualifizierung nicht möglich. Die Menschenrechtsverletzungen des IS werden öffentlich von diesen selbst dargestellt. Auch eine materielle Komponente kann die Staatseigenschaft des IS nicht begründen.

g) De-facto Regime

Eine weiterer völkerrechtlicher Status könnte sich daraus ergeben, dass der IS ein de-facto Regime darstellt. Dieses kann sich aus einem Bürgerkrieg oder der Abspaltung von einem anderen Staatsverband hervorgegangener Herrschaftsform entwickeln, welches dann eine stabilisierende Gebietshoheit inne hat.[257] In diesen Ge-

254 Vgl.: *Zeitler*, Deutschlands Rolle bei der Anerkennung der Republik Kroatien, S. 88.

255 *Loudwin*, Die konkludente Anerkennung im Völkerrecht, S. 48.

256 Zitat von Augustinus von Hippo (* 13. November 354 - † 28. August 430), De civitate Dei, IV, 4, 1.

257 *Herdegen*, Völkerrecht, §11, Rn. 1.

bieten sind die Voraussetzungen eines Staates faktisch schon erfüllt.[258] Dies zeigt sich auch darin, dass solche Regime unter dem Schutz des Interventions- und Gewaltverbots stehen.[259] Bei Sezessionsprozessen wird auch das Selbstbestimmungsrecht der Völker relevant.[260] Darin enthalten ist auch die Anerkennung organisierter Aufständischer und Insurgenten als partielle Völkerrechtssubjekte.[261] Solche Regime unterliegen bei völkerrechtswidrigem Verhalten zudem auch der Staatenverantwortlichkeit.[262] Ob die Mitglieder des IS Aufständische oder Insurgenten darstellen ist im Endeffekt aber irrelevant. Betrachtet man die Herrschaftsgewalt des IS, so stimmt diese mit der Definition eines de-facto Regimes nicht überein. Zunächst liegt keine stabile Gebietshoheit vor. Dieses ergibt sich, wie oben dargestellt, aus Eroberungen und Rückeroberungen. Festzuhalten ist zudem, dass es sich bei den Mitgliedern des IS um islamistische Insurgenten handelt.[263] Zudem spielt auch die Anerkennung von Aufständischen in der Völkerrechtspraxis keine Rolle mehr.[264] Im jetzigen Zeitpunkt stellt der IS kein de-facto Regime dar. Sobald aber Gebiete auf einer stabilen Art und Weise etabliert werden, könnte ein solches de facto Regime denkbar werden.

Infolgedessen ist gegebenenfalls ein „Quasi-de-facto Regime" denkbar. Wie dargestellt kann es sich beim IS nicht um ein de-facto Regime handeln. Zu berücksichtigen ist allerdings, dass der IS ungeachtet der Luftangriffe, die stets erfolgen, die Kerngebiete noch immer aufrecht erhält und daher seine Gebiete sichert. Auch die fortwährenden Menschenrechtsverletzungen sind ein Anzeichen dafür. Ein solches Quasi-de-facto Regime kann aber kein solches Recht wie ein de-facto Regime begründen. Es ist mehr als eine Vorstufe anzusehen, die sich etablieren kann, sobald der IS seine Gebietshoheit festigt.

h) Eigene Stellungnahme

Dass der Islamische Staat völkerrechtlich als Staat anerkannt werden kann, ist zurzeit noch verfrüht. Derzeit erscheint die Anerkennung des Kalifats des IS aufgrund des Mangels an Legitimität in den Augen der internationalen Staatengemeinschaft problematisch. Auch die Tatsache, dass die internationale Staatengemeinschaft we-

---

258 *Stein/v. Buttlar/Kotzur*, Völkerrecht, Rn. 490; *Herdegen*, Völkerrecht, §11, Rn. 1; *Bleckmann*, Völkerrecht, Rn. 127.

259 *Stein/v. Buttlar/Kotzur*, Völkerrecht, Rn. 490; *Herdegen*, Völkerrecht, §11, Rn. 1.

260 *Herdegen*, Völkerrecht, §11, Rn. 1.

261 *Delbrück/Wolfrum*, in: *Dahm*, Völkerrecht, Bd. I/2, S. 295.

262 *Verdross/Simma*, Universelles Völkerrecht, S. 240.

263 *Christopher M. Blanchard/Carla E. Humud*, The Islamic State and U.S. Policy, in: Congressional Research Service, CRS Report R43612 vom 02. Feburar 2017.

264 *Herdegen*, Völkerrecht, §11, Rn. 3.

der politische, wirtschaftliche oder kulturelle Beziehungen zum IS pflegen will, erschwert die Gründung eines völkerrechtlich legitimen Staates massiv.

Zwar stellt die Anerkennung von anderen Staaten nach der Drei-Elementen-Lehre keine Voraussetzung für die Gründung eines Staates dar. Bekanntlich kann aber kein Staat auf Dauer ohne wirtschaftliche, politische oder auch kulturelle Unterstützung bestehen.

In diesem Sinne ist es in der Vergangenheit bei ähnlichen Gebilden auch nicht zu einer Staatlichkeit gekommen. So wurde Rhodesien, trotz einer 14 Jährigen Herrschaft unter Ian Smith, völkerrechtlich kein Staat.[265] Bezogen auf den IS ist aus diesem Grund erkennbar, dass Staatlichkeit nicht lediglich aufgrund einer effektiven Kontrolle über ein Territorium vorliegen kann. Staatlichkeit bezieht sich vor allem auf die Legitimität einer Regierung in einem Gebiet.[266] Der IS ist somit zum jetzigen Zeitpunkt kein Staat im völkerrechtlichen Sinne.

4. Haftung des IS für die Zerstörung von Kulturgütern

Am Anfang des Jahres 2015 hat der IS im Nordirak Kulturgüter aus der Zeit der Antike zerstört[267] und sich dabei gefilmt.[268] Dabei handelte es sich um die antike Stadt „Nimrud". Im Mai 2015 ist der IS bis nach Palmyra vorgedrungen und hat dort die Ruinen zerstört, die sogar auf der Welterbeliste der UNESCO stehen.

Fraglich ist allerdings, ob für die Haftung der Zerstörungen rechtliche Grundlagen existieren.

a) Zerstörung eigener Kulturgüter

Vor der Klärung der rechtlichen Grundlagen ist zu hinterfragen, ob der IS eigene Kulturgüter zerstört hat.

Der IS ist völkerrechtlich nicht als Staat anerkannt.[269] Zwar herrscht der IS auf einem bestimmten Gebiet, dieses ist aber auf fremden Boden. Weder der Irak, noch Syrien haben den IS anerkannt. Auch das Territorium gehört völkerrechtlich

---

265 *Talmon*, Kollektive Nichtanerkennung illegaler Staaten, S. 463.

266 *Koskenniemi*, in: Die Zeit, Interview: Thomas Assheuer, „Eine absurde Vorstellung", Nr. 48/2015 vom 10. Dezember 2015.

267 http://www.welt.de/politik/ausland/article137868370/IS-Terroristen-zerstoeren-einzigartige-Kulturgueter.html (Abruf: 15.06.2017); http://www.zeit.de/kultur/2015-02/islamischer-staat-mossul-museum-zerstoerung (Abruf: 14.06.2017); http://time.com/4065290/syria-cultural-heritage (Abruf: 14.06.2017).

268 https://www.youtube.com/watch?v=0y1yvoNN5os (Abruf: 14.06.2017).

269 Siehe oben: D., III., 2., d).

noch zu diesen Staaten. Die Kulturgüter, die vom IS zerstört wurden, sind in fremdem Eigentum. Aus diesem Grund ist gewöhnliches Kriegsvölkerrecht anzuwenden, wenn und soweit der IS überhaupt Kriegspartei sein kann. Nach Art. 3 ZP II des Genfer Übereinkommens kann der IS auch eine Konfliktpartei darstellen, wenn dieser kein Staat im Sinne des Völkerrechts ist. Das würde beispielsweise auch für Befreiungsbewegungen gelten. Des Weiteren muss nach Art. 3 ZP II der Mindeststandard für die eigenen Staatsbürger in einem inneren Konflikt gewährleistet werden. Problematisch ist, dass die Einwohner im Gebiet des IS keine Staatsbürgerschaft des IS besitzen. Darüber hinaus führt der IS auch offensichtlich und öffentlich Menschenrechtsverletzungen durch, die gerade durch dieses Abkommen geschützt werden sollen. Dennoch muss festgehalten werden, dass Teile des Art. 3 ZP II auch für nicht-staatliche Organisationen und Gruppierungen gelten und daher der IS auch ein Teil des bewaffneten Konflikts darstellt.

Insgesamt ist also deutlich, dass der IS keine eigenen Kulturgüter zerstört, sondern solche, die im Eigentum eines anderen stehen. Daher ist eine rechtswidrige Zerstörung durchaus erkennbar.

b) Völkerrechtliche Rechtsgrundlagen

Um eine völkerrechtliche Haftung zu begründen, müssen einschlägige Rechtsgrundlagen vorliegen.

aa) Haager Konvention und die Zusatzprotokolle

Der IS ist weder Vertragspartei der Haager Konvention von 1954 noch der ZP II. Daher sind diese nicht direkt anwendbar.

bb) UNESCO Generalkonferenz vom 17. Oktober 2003

Im Jahre 2001 haben die Taliban zwei Buddha-Statuen in Afghanistan zerstört, was zu einer weltweiten Empörung geführt hatte. Durch diese Handlungen der Taliban hat sich die UNESCO in einer Generalkonferenz dazu entschlossen, die UNESCO Declaration Concerning the International Destruction of Cultural Heritage vom 17. Oktober 2003 zu verabschieden.[270] In dieser Generalkonferenz hat die UNESCO wegen der Rechtslücken der Konventionen von 1970 und 1972 eine Erklärung über die vorsätzliche Zerstörung von kulturellem Erbe veranlasst.[271] Darin sind die Staaten aufgefordert, alles ihnen Mögliche zu tun, um die Zerstörungen von Kul-

---

270 Text: IRRC, June 2004, Vol. 86, No.854, S. 447 f.; *Francioni/Lenzerini*, EJIL 2003, S. 613 ff.

271 *Irmscher*, in: *Gornig/Horn/Murswiek*, Der internationale Kulturgüterschutz, S. 88; *Jakubowski*, State Succession in Cultural Property, S. 246.

turgütern zu verhindern.[272] Nach Art. VI der UNESCO Declaration muss ein Staat, der die Zerstörung nicht verhindert oder beim Verhinderungsversuch einen Fehlschlag erlitten hat, die Verantwortung für die Zerstörung der Kulturgüter übernehmen.

Die Staatlichkeit im völkerrechtlichen Sinne liegt beim IS nicht vor. Sowohl Syrien als auch Irak versuchen sich gegen den IS zu wehren und die Zerstörung und die Verschleppung zu verhindern.

cc) Bonner Erklärung

Aufgrund von Zerstörungen der Irakischen und Syrischen Kulturgüter durch den IS, hat das UNESCO-Welterbekomitee im Juni 2015 die Bonner Erklärung zum Schutz des gefährdeten Welterbes[273] verabschiedet. Darin wird empfohlen, dass der UN-Sicherheitsrat den Kulturgüterschutz in Friedensmissionen aufnimmt. Ziel ist es, auch ohne vorliegende international bewaffnete Konflikte, Kulturgüter zu schützen, indem der Handel unterbunden wird. Die Zerstörung von Kulturgütern soll als Kriegsverbrechen angesehen werden. Ein Einschreiten, und damit der Schutz von Kulturgütern vor dem IS, soll dadurch legitimiert werden.

Zudem wurde die sogenannte „Rote Liste“ für gefährdetes Welterbe erweitert. Schon zuvor hat *v.Schorlemer* es als hilfreich empfunden in Zukunft auf den völkerrechtlichen Gestus der „Rote Liste“ noch einmal hinzuweisen.[274] Nach Art. 11 WEK[275] werden in die Liste des gefährdeten Welterbes Stätten aufgenommen, die infolge von Krieg oder Naturkatastrophen, durch Verfall, durch städtebauliche Vorhaben oder private Großvorhaben ernsthaft bedroht sind. Sinn und Zweck dieser Liste ist es, dass eine Aufmerksamkeit auf das öffentliche Interesse am Schutz der gefährdeten Kultur- und Naturerbestätten gelenkt wird.[276]

dd) Völkergewohnheitsrecht

Es gilt also lediglich der gewohnheitsrechtliche Maßstab. Der IS verhält sich durch die Zerstörung der Kulturgüter rechtswidrig und verstößt damit gegen Völkergewohnheitsrecht. Der UN-Sicherheitsrat hat diesbezüglich auch eine Resolution auf-

---

272 *Irmscher*, in: *Gornig/Horn/Murswiek*, Der internationale Kulturgüterschutz, S. 89; *Jakubowski*, State Succession in Cultural Property, S. 246.

273 39th Session of the World Heritage Commitee, WHC-15/39.COM/19.

274 *v.Schorlemer*, 40 Jahre UNESCO-Welterbekonvention - Die Stärkung des Schutzes unseres Planeten und seiner Ressourcen, http://nbn-resolving.de/urn:nbn:de:bsz:14-qucosa-121898 (Abruf: 14.06.2017).

275 Text: Bundesgesetzblatt Teil II, 1977 Nr. 10, S. 220.

276 *Albert/Ringbeck*, 40 Jahre Welterbekonvention, S. 197.

gestellt, die gegen Terrororganisationen bzw. den „Islamischen Staat" gelten soll.[277]

c) Zwischenergebnis

Die völkerrechtlichen Rechtsgrundlagen greifen bezüglich des IS nicht vollkommen ein.

Anhand des Beispiels von Bamiyan hat die UNESCO die ersten richtigen Schritte eingeleitet.

Durch die UNESCO-Generalkonferenz von 2003 wurden Rechtslücken aus den UNESCO-Konventionen von 1970 und 1972 geschlossen. Dennoch ist erkennbar, dass dies noch nicht gänzlich ausreichend zu sein scheint. Daher hat das UNESCO-Welterbekomitee durch die Bonner Erklärung Ansätze entwickelt, die gegen den IS hilfreich sein könnten. Einen ausreichenden völkerrechtlichen Schutz gibt es aber erst, wenn der Einmarsch „in den Islamischen Staat" rechtmäßig ist. Sodann kommt dem jeweiligen Militär eine Schutzpflicht gegenüber den Kulturgütern zu.

5. Deliktsfähigkeit des Islamischen Staates

Es muss darüber hinaus festgestellt werden, ob der IS deliktsfähig sein kann.

a) Deliktischer Anspruchsinhaber

Der IS muss ein deliktischer Anspruchsinhaber sein. Dafür muss der IS dann auch ein Völkerrechtssubjekt darstellen (s.o.). Nur dann kann der IS auch Träger von völkerrechtlichen Rechten und Pflichten sein, bei deren Verletzungen es gerade beim völkerrechtlichen Delikt geht.

Der IS stellt aber gerade kein Völkerrechtssubjekt dar und kann daher grundsätzlich keine Deliktsfähigkeit besitzen.

Fraglich ist allerdings, ob eine aktive oder passive Deliktsfähigkeit vorliegen könnte.

aa) Aktive Deliktsfähigkeit

Für eine aktive Deliktsfähigkeit muss der IS zur völkerrechtlichen Rechtsfähigkeit zudem eine völkerrechtliche Handlungsfähigkeit besitzen. Aufgrund der fehlenden Völkerrechtssubjektivität scheidet dieses hier aus.

---

277 Resolution der Vereinten Nationen, 2178 vom 24.September 2014.

bb) Passive Deliktsfähigkeit

Der IS könnte gegebenenfalls passiv deliktsfähig sein. Dazu müsste der IS ein Objekt einer völkerrechtswidrigen Handlung sein und die von der Völkerrechtsordnung an sie geknüpften Rechtsfolgen geltend machen können. Da dem IS keine Völkerrechtssubjektivität zugerechnet werden kann, ist dies nicht möglich. In seinen Rechten kann ein solcher Staat auch verletzt sein, wenn er selbst nicht mehr handlungsfähig ist. Dazu müsste der IS nicht handlungsfähig sein. So könnte hier ein Vergleich mit einem „failed state“ gesetzt werden. Dazu müsste es sich beim IS um einen „gescheiterten“ Staat handeln. Im Umkehrschluss bedeutet es, dass ein Staat ein Völkerrechtssubjekt dargestellt haben muss, bevor es zu einem „failed state“ wird. So soll bei Fortfall der Staatsgewalt, im Interesse der Stabilität der internationalen Beziehungen, die Staatlichkeit weiterhin existieren.[278] Der IS war jedoch nie ein Völkerrechtssubjekt. Daher kann dieser auch keinen „failed state“ darstellen. Mithin liegt auch keine passive Deliktsfähigkeit vor.

Im Ergebnis ist der IS also gerade nicht deliktsfähig.

IV. Resümee

Die Zerstörung von Kulturgütern ist völkerrechtswidrig. Es existieren diesbezüglich völkerrechtliche Rechtsgrundlagen, die auch Konsequenzen nach sich ziehen. Aus den bisherigen Völkerrechtsgrundlagen ist eine allgemeine Ächtung der Staatengemeinschaft für die Zerstörung von Kulturgütern erkennbar.

Im Hinblick auf den „Islamischen Staat“ wird klar, dass völkerrechtlich gesehen die präventiven Kulturgüterschutz-Maßnahmen noch nicht ausgereift sind. Außerdem wird deutlich, dass der Schutz unbeweglicher Kulturgüter bei einem Vormarsch des IS ohne militärische Unterstützung nicht möglich erscheint.

---

278 *v.Arnauld*, Völkerrecht, Rn. 87.

E. Fünfter Teil: Haftung für den illegalen Kulturgüterhandel und Schutzmaßnahmen in Bezug auf den „Islamischen Staat"

Der Raub von Kunstwerken der besiegten Völker gehörte noch in der Neuzeit zu den Rechten des Siegers.[279] Auch heute noch ist der Raub von Kulturgütern und der Handel mit derselbigen ein lukratives Geschäft. Der IS beispielsweise finanziert sich teilweise mit dem Handel von Kulturgütern.[280]

I. Anspruchsinhaber

Zunächst gilt zu überprüfen, wer völkerrechtlich gesehen der richtige Anspruchsinhaber ist. Seit der UNESCO-Konvention von 1970 wird die Beutekunst völkerrechtlich geregelt. Danach sollen die jeweiligen Völkerrechtssubjekte Anspruchsinhaber sein. Gemäß Art. 7 der UNESCO-Konvention von 1970 kann der Ursprungsstaat die Ansprüche gegen den anderen Staat geltend machen.

II. Karte von Plünderungen im Irak und Syrien

Anhand der vorliegenden Karte sind die Gebiete des IS und die dazugehörigen Kulturstätten erkennbar. Der IS hat die Gebiete von Hatra bis Aleppo und von dort bis nach Palmyra unter Kontrolle. Einige sehr alte und wertvolle Kulturstätte und insbesondere bewegliche Kulturgüter sind in diesen Gebieten anzutreffen.

In Betrachtung der Lage von „Manbij" wird deutlich, dass ein Schmuggel über die türkische Grenze nicht sehr weit erscheint.

---

279 *Rudolf*, Internationaler Schutz von Kulturgütern, in: FS Doehring, S. 853 ff.

280 http://www.zeit.de/kultur/2014-09/unesco-islamischer-staat-kulturgut-zerstoerung-schmuggel-irak (Abruf: 15.06.2017).

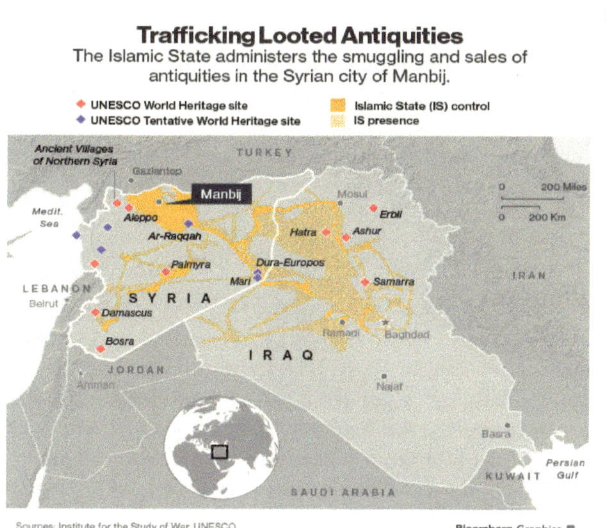

[281]

III. Rechtsgrundlagen

Es müssen Rechtsgrundlagen vorliegen, die die Haftung des IS auch begründen und daher gewisse Rechtsfolgen nach sich ziehen. Angesichts einer Organisation, wie dem IS, der gerade keinen Staat darstellt, könnte dies auf völkerrechtlicher Ebene zu einigen Schwierigkeiten führen.

1. UNESCO-Konvention von 1970

Die UNESCO-Konvention von 1970 hat sich in Art. 7 mit der Beutekunst befasst. Dort werden die Rückführungsproblematiken geregelt. Danach sollen gemäß Art. 7 lit. b) UNESCO-Konvention von 1970 nur Staaten Rückforderungsansprüche geltend machen dürfen.

Fraglich ist allerdings, wie es sich mit dem Privatrecht verhält. Bestohlene Privatpersonen können sich nicht auf die UNESCO Konvention von 1970 berufen. Ausdrücklich erwähnt werden Kulturgüter, die in Museen, einem religiösen oder weltlichen öffentlichen Gebäude oder einer anderen Institution gestohlen wurden. Somit könnten Museen, die in privater Hand sind, keine Rückgabeansprüche gel-

281 http://www.bloomberg.com/news/articles/2015-06-28/isis-has-new-cash-cow-art-loot-it-s-peddling-on-ebay-facebook (Abruf: 14.06.2017).

tend machen. Dies kann aber nicht Sinn und Zweck der Konvention gewesen sein. Aus diesem Grund muss eine weite Auslegung stattfinden.[282]

Bezüglich des IS ist die UNESÇO Konvention sehr weit auszulegen. Selbst dann müsste der IS auch die Sanktionen, die mit dem Verstoß einhergehen, akzeptieren. Dies ist eher unwahrscheinlich. Daher macht die Anwendung dieser Regelungen bezüglich des IS kaum Sinn. Wenn der IS allerdings den Krieg verlieren und die Gebiete beispielsweise von Syrien und Irak zurückerobert werden, so haben diese beiden Staaten nach dieser Konvention einen Rückgabeanspruch.

2. UNIDROIT-Konvention

1995 wurde die UNIDROIT-Konvention über gestohlene oder rechtswidrig ausgeführte Kulturgüter[283] unterzeichnet. Die UNIDROIT-Konvention ist erst am 01. Juli 1998 in Kraft getreten. Gemäß Art. 5 der UNIDROIT-Konvention können Rückforderungsansprüche „rechtswidrig ausgeführter Kulturgüter“ geltend gemacht werden. Nach Art. 1 lit. b) der Konvention handelt es sich dabei um Kulturgüter, die aus dem Hoheitsgebiet eines Vertragsstaates unter Verletzung seiner Rechtsvorschriften, welche die Ausfuhr von Kulturgütern im Hinblick auf den Schutz seines kulturellen Erbes regeln, entfernt wurden.[284] Eine Erweiterung zur UNESCO-Konvention von 1970 ist die Tatsache, dass gemäß Art. 3 nun auch Privatpersonen Rückgabeansprüche geltend machen können.

Die UNIDROIT-Konvention stellt auf Regelungen ab, die nach dem Krieg geschehen. Die Verschleppung und der Handel währenddessen, so wie es beim IS geschieht, ist nicht davon geschützt. Wie erwähnt würden nach einer Rückeroberung von Syrien und Irak Rückgabeansprüche vorliegen. Seit dieser Konvention sogar von Privatpersonen.

3. Völkergewohnheitsrecht

Neben völkervertraglichen Ansprüchen können die Staaten auch völkergewohnheitsrechtliche Ansprüche geltend machen.

---

282 *Jaeger*, Internationaler Kulturgüterschutz, S. 19.

283 UNIDROIT Convention on Stolen or Illegaly Exported Cultural Objects vom 24. Juni 1995; Text: Zeitschrift für Vergleichende Rechtswissenschaft, 1996, S. 203 ff.

284 Vgl. *Stumpf*, Kulturgüterschutz im internationalen Recht, S. 233.

a) Völkergewohnheitsrechtlicher Restitutionsanspruch

Fraglich ist, ob ein Restitutionsanspruch für im Krieg abhanden gekommene Kulturgüter aus Völkergewohnheitsrecht begründet werden kann.[285] Dies deckt sich mit dem völkergewohnheitsrechtlichen Verbot, Kulturgüter als Kriegsbeute zu nehmen.

Nach *Stumpf* entsteht eine Rückgabeverpflichtung parallel zur Entstehung des völkergewohnheitsrechtlichen Beuteverbots. Das Verbot des „Beutemachens" ziehe in der Regel die Verpflichtung nach sich, die rechtswidrig angeeigneten Kulturgüter zurückzugeben.[286] Nach *Walter* sei es aber eine völlig andere Frage, ob ein Staat gewohnheitsrechtlich zur Rückgabe von im Krieg abhanden gekommenem Kulturgut verpflichtet ist.[287] *Walter* verkennt aber, dass seit der Wiener Konvention die Rückgabepflicht von Kriegsbeute völkergewohnheitsrechtlich anerkannt ist.[288] Daher ist eine Rückgabepflicht aus Völkergewohnheitsrecht begründbar.

b) Allgemeine Rechtsgrundsätze

Subsidiär zum Restitutionsanspruch kann sich ein Anspruch aus der Rückgabeverpflichtung gemäß Art. 38 I lit. c) IGH-Statut ergeben.[289] Hier ist gegebenenfalls der allgemeine Rechtsgrundsatz der ungerechtfertigten Bereicherung anwendbar.[290] Die ungerechtfertigte Bereicherung ist auch zwischen Staaten anwendbar, wonach sie auch im Kulturgüterschutzrecht Anwendung findet.[291] Zu beachten ist aber, dass die ungerechtfertigte Bereicherung subsidiär gegenüber anderen Rechtsgrundlagen gilt.[292]

4. Zwischenergebnis

Grundsätzlich existieren Rechtsgrundlagen, die einen Rückgabeanspruch und Restitutionen begründen. Diese Regelungen gelten aber nach dem Krieg. Bezüglich des IS liegen erschwerte Bedingungen vor. Soweit diese nicht besiegt und die Gebiete

---

[285] Etwas anderes gilt in Friedenszeiten: *Freytag*, in: *Fechner/Oppermann/Prott*, Prinzipien des Kulturgüterschutzes, S. 183 f.

[286] *Stumpf*, Kulturgüterschutz im internationalen Recht, S. 235.

[287] *Walter*, Rückführung von Kulturgut, S. 79 f.

[288] *Stumpf*, Kulturgüterschutz im internationalen Recht, S. 235.

[289] Siehe bei: C., I., 3., b), cc).

[290] *Heintschel v. Heinegg*, in: *Ipsen*, Völkerrecht, §18, Rn. 4.

[291] *Stumpf*, Kulturgüterschutz im internationalen Recht, S. 239.

[292] Siehe bei: C., I., 3., b), cc); *Heintschel v. Heinegg*, in: *Ipsen*, Völkerrecht, §18, Rn. 6.

zurückerobert werden, können die genannten völkerrechtlichen Rechtsgrundlagen keine Anwendung finden.

IV. Schutzmaßnahmen gegenüber des „Islamischen Staats“

Die einschlägigen völkerrechtlichen Rechtsgrundlagen sind nicht vollkommen auf den IS anwendbar. Aus diesem Grund sind in Anbetracht des Kulturgüterschutzes andere Maßnahmen erforderlich. Es gilt den Kern der Zerstörung zu ermitteln und präventiv dagegen vorzugehen.

1. Finanzierung durch Kulturgüterhandel

Der IS finanziert sich teilweise mit dem Handel von geraubtem Kulturgut aus dem Irak und Syrien. Dies wurde offiziell das erste Mal in einer UN-Resolution festgestellt.[293] Es handelt sich um eine große Anzahl an Kulturgütern, die über die Nachbarstaaten nach Europa, Amerika und Ostasien verschleppt werden. Es existieren durch den Schwarzmarkt keine einschlägigen Statistiken. In Ägypten wurden 2011 Kulturgüter im Wert von drei Milliarden Dollar geplündert. Im Vergleich dazu wurde in Irak und in Syrien deutlich häufiger geplündert. Es ist daher anzunehmen, dass der Betrag auch in einer beträchtlichen Höhe liegen wird, durch den sich der IS finanzieren kann. Nach einer Studie der ICSR[294] ist der Kunstraub die zweitgrößte Einnahmequelle des IS.[295] Dabei wird aber der Verkauf von Antiquitäten nicht richtig erfasst (Liegt wohl am Schwarzmarkt). Durch die Plünderungen soll der IS im Jahre 2014 zwischen 500 -1000 Millionen US-Dollar erwirtschaftet haben. Im Jahre 2015 lag der Betrag zwischen 200 – 350, 2016 hingegen zwischen 110 – 190 Millionen US-Dollar.

Die Plünderung geht in den Jahren zwar im Vergleich zu den Einnahmen aus Steuern und Öl zurück. Das wird wohl daran liegen, dass der IS die eroberten Gebiete schon geplündert hat und keine wichtigen neuen Gebiete mehr erobern konnte. Hier zeigt sich jedoch deutlich, dass mindestens ein Milliardenbetrag an US-Dollar vom Verkauf von Kulturgütern eingenommen wurde.

---

293 Resolution der Vereinten Nationen, 2199 vom 12. Februar 2015.

294 Bedeutet: International Centre for the Study of Radicalisation and Political Violence

295 *Heißner/Neumann/Holland-McCowan/Basra,* Studie: Caliphate in Decline: An Estimate of Islamic State's Financial Fortunes von 2014-2016.

2. UN-Resolution gegen den Handel von Kulturgut aus dem IS

Am 28. Mai 2015 hat der UN-Sicherheitsrat eine Resolution zur Rettung des Kulturerbes Iraks[296] verabschiedet. In dieser wird dazu aufgefordert, dass alle Staaten ihre Grenzen für den Kunst-und Antiquitätenhandel aus den Gebieten des „Islamischen Staates" schließen. Außerdem wird die Verachtung gegenüber mutwilliger Zerstörung von Kulturgütern geäußert. Des Weiteren ist es notwendig, dass sich die Führenden des IS dazu bekennen und mit dem Handel bzw. der Zerstörung aufhören. Die Staaten werden dazu aufgefordert, alle Kulturgüter aus Syrien und Irak bis zum Ende des Krieges sicher zu verwahren.

3. Einsatz von Kultur-Blauhelmen zum Schutz der Kulturgüter

Die Idee von Streitkräften, die nur für den Schutz der Kulturgüter dienen, findet immer mehr Anklang.

Der italienische Außenminister *Paolo Gentiloni* begrüßt den militärischen Kulturgüterschutz und hat die Idee von „Blauhelmen für den Kulturgüterschutz"[297] dargelegt. So spricht auch nichts dagegen, dass in ein Mandat für Friedensmissionen auch kulturelle Schutzaufträge eingeführt werden, wie es auch in der Bonner Erklärung schon angeführt wurde.[298] Durch solche Schutzaufträge würde die Möglichkeit erwachsen, dass Plünderungen aufgehalten werden, soweit vorher eine Ausbildung und Schulung stattfindet.[299] Auch der italienische Ministerpräsident *Matteo Renzi* hat in einer Rede vor der UN-Generalversammlung am 15. September 2015 einen solchen Vorschlag unterbreitet.[300]

Eine solche Truppe, die nur zum Schutz der Kulturgüter in Kriegsgebieten geschult wird, stellt sich als eine sinnvolle Idee dar. Die Organisation dieser Truppen wird aber eine Schwierigkeit darstellen. Der Zeitpunkt der Zerstörung und des Handels wird kaum abzupassen sein. Das wiederum bedeutet, dass die Zerstörung und der Handel nicht aufgehalten, sondern maximal nur eingedämmt werden können.

---

296 Resolution der Vereinten Nationen, 69/281 vom 28. Mai 2015.

297 http://www.onuitalia.com/eng/2015/10/27/blue-helmets-for-culture-first-operative-meetings-in-rome (Abruf: 13.03.2017).

298 *v. Schorlemer*, DGVN 2016, S. 7.

299 *v. Schorlemer*, DGVN 2016, S. 8.

300 https://gadebate.un.org/sites/default/files/gastatements/70/70_IT_en.pdf (Abruf: 13.03.2017).

4. Sanktionen und Überwachung

Die internationale Staatengemeinschaft kann innerhalb seiner Möglichkeiten zu Sanktionen greifen, soweit eine Vereinbarung verletzt wurde. Bisher wurde die systematische Zerstörung von Kulturgütern nicht als solches Sicherheitsproblem angesehen und wird nicht von Sanktionen erfasst. Nach *v.Schorlemer* sollte bei solchen Sanktionen auch die UNESCO auf der Grundlage der Resolution 2199 der UN eingebunden werden.[301] Dabei sollten solche Sanktionen nicht nur gegen Terrororganisationen, wie z.B dem IS, sondern auch allgemein für Staaten gelten.[302]

Die Staaten selbst könnten Sanktionen gegenüber dem Handel ausstellen. Auch dies könnte aufgrund der Erhöhung des Risikos die Eindämmung des Handels auslösen. Bekanntlich kann mit Kulturgütern auch nur gehandelt werden, soweit ein Abnehmer vorliegt. So hat das SECO in der Schweiz in einer Medienmitteilung am 17.12.2014 mitgeteilt, dass der Handel mit illegalen Kulturgütern aus Syrien mit Sanktionen bestraft wird.[303] Auch Deutschland leistet mit der Erneuerung des Kulturgutschutzgesetzes seinen Beitrag.[304]

Im Hinblick auf den Islamischen Staat könnte auch eine stärkere Überwachung der angrenzenden Länder dafür sorgen, dass der Handel mit Kulturgütern gedämmt wird. Vor allem in Europa könnten gewisse Vorgaben dafür sorgen, dass grenzübergreifend der Handel mit Kulturgütern mit Sanktionen bemessen wird.

5. Eigene Stellungnahme

Die UNESCO hat bekräftigt, dass die Zerstörung von Kulturgütern als „Kriegsverbrechen" eingestuft werden soll. Deutlich ist, dass bei bewaffneten Konflikten eine bürokratische Herangehensweise zwar den richtigen Weg darstellt, aber nicht effektiv für den Schutz vor Zerstörung von Kulturgütern erscheint. Des Weiteren hat das geltende Völkerrecht zum jetzigen Zeitpunkt keine Möglichkeit, militärisch, allein aus Gründen des Kulturgüterschutzes, zu intervenieren. Insoweit ist der Ansicht der UNESCO zuzustimmen. Durch die Resolution zur Rettung des Kulturerbes des Iraks ist der Weg für den Kulturhandel für bewegliche Kulturgüter erschwert worden. Dennoch stellt sich das Problem der unbeweglichen Kulturgüter. Nur durch militärische Intervention ist eine Schutzmaßnahme möglich. In Anbetracht des völkerrechtlichen Status des IS, ist eine Zusammenarbeit des Irakischen und Syrischen Staates mit den intervenierenden Staaten erforderlich.

---

301 *v. Schorlemer*, DGVN 2016, S. 8.

302 *v. Schorlemer*, DGVN 2016, S. 8.

303 Staatssekretariat für Wirtschaft [SECO], 2014: https://www.seco.admin.ch/seco/de/home/seco/nsb-news/medienmitteilungen-2014.msg-id-55737.html (Abruf: 14.06.2017).

304 Bundestag Drucksache 18/7456.

V. Legitimation des Eingriffs beim „Islamischen Staat“

Zu hinterfragen ist zudem, ob ein Eingriff in die Gebiete des IS völkerrechtlich überhaupt rechtmäßig ist.

Festgestellt worden ist, dass der IS keinen Staat im völkerrechtlichen Sinne darstellt. Der IS könnte als Organisation, der von den Regierungen Syriens und Iraks nicht toleriert wird, aber in dessen Gebieten tätig ist, verstanden werden. Ein Eingriff in das Gebiet dieser Staaten würde die Verletzung der territorialen Souveränität bedeuten. Der internationale Gerichtshof hat wiederholt entschieden, dass Handlungen gegenüber Gruppierungen, die auf fremden Staatsgebiet handeln, auch rechtswidrig sind.[305] Dies liegt daran, dass sich solche Organisationen auf dem Territorium eines anderen Staates befinden und ein Eingriff daher sowohl die souveräne Gleichheit als auch die territoriale Unversehrtheit der Staaten gemäß Art. 2 I, IV UN-Charta verletzt. Diese beiden Konstanten kollidieren mit dem Recht auf Selbstverteidigung.[306] So kann dieses Recht nur begründet werden, soweit der Staat die effektive Kontrolle über die Organisation hat.[307] Als Beispiel könnte der Eingriff der USA in das Staatsgebiet Afghanistans als Reaktion auf den Anschlag vom 11. September seitens der Taliban angeführt werden. In diesem Fall wurde benannt, dass die Taliban effektiv unter der Kontrolle Afghanistans stehen und daher ein Recht auf Selbstverteidigung nach Art. 52 UN-Charta vorliegt.[308]

Weder die syrische noch die irakische Regierung kontrollieren den IS. Es handelt sich um eine Organisation, die diese beiden Staaten gerade erobern will. Dies bedeutet sodann, dass ein Eingriff in diese Staaten, ohne die Zustimmung beider Regierungen, nicht rechtmäßig wäre.

Die Idee der „Blauhelme für den Kulturgüterschutz“, oder auch gewisse militärische Interventionen wären, soweit Irak und Syrien nicht um Hilfe bitten, nicht möglich bzw. bei einschreiten dann völkerrechtlich rechtswidrig. Dies gilt sowohl für andere Staaten, als auch für internationale Organisationen.

Völkerrechtlich gesehen wird insgesamt deutlich, dass der Schutz der Kulturgüter davon abhängt, ob die Staaten, auf deren Gebiet sich der IS befindet, einem Eingriff auch zustimmen. Andernfalls wäre dies ein Verstoß gegen das Interventionsverbot und daher nicht rechtmäßig.

---

305 Siehe: Military and Paramilitary Activities in and against Nicaragua, ICJ Judgment, Nicaragua v. United States of America, vom 27. Juni 1986.

306 *Scharf,* Case Western Reserve Journal of International Law, S. 22.

307 *Scharf,* Case Western Reserve Journal of International Law, S. 23.

308 *v. Schorlemer,* Praxishandbuch UNO, S. 23.

VI. Völkerstrafrechtliche Maßnahmen

1. Allgemein

Um den Kulturgüterschutz zu gewährleisten könnten der IS bzw. die Mitglieder des IS völkerstrafrechtlich belangt werden. Insoweit könnte durch die Verurteilung einiger weniger wichtigen Persönlichkeiten der IS auch geschwächt werden.

Damit der Internationale Strafgerichtshof[309] einschreiten kann, müssen die Staaten, auf deren Gebiet sich der IS befindet, das sogenannte Römische Statut des Internationalen Strafgerichtshofs[310] unterzeichnen und ratifizieren. Es handelt sich dabei um einen völkerrechtlichen Vertrag. Das IStGH-Statut ist eine wichtige Rechtsquelle des Völkerstrafrechts.[311] Dieses Statut kann eine direkte Strafbarkeit des Täters begründen.[312]

Syrien und Irak müssen diesen Vertrag ratifizieren, damit der IStGH einschreiten kann. Weder Syrien noch Irak haben das bisher getan.[313] Aus diesem Grund hat der IStGH keine territoriale Zuständigkeit auf diesen Gebieten und kann nicht einschreiten.[314]

Der IStGH könnte durch eine Überweisung eine Jurisdiktion begründen, soweit der UN-Sicherheitsrat dem zustimmt. Problematisch ist jedoch, dass durch ein solches Einschreiten nicht nur die Straftaten des IS, sondern auch die des Assad-Regimes untersucht werden könnten. Aus diesem Grund legt Russland, als verbündeter des Assad-Regimes, ein Veto ein.[315] Auch in den nächsten Resolutionen zeigen sich weder Russland noch China kompromissbereit, sodass ein gewaltsames Einschreiten des IStGH nicht möglich erscheint.[316]

---

[309] Kurz: „IStGH".

[310] Kurz: „IStGH-Statut"; Abgedruckt: Bundesgesetzblatt Teil II, 2000 Nr.35, S. 1393 f.

[311] *Werle/Jeßberger*, Völkerstrafrecht, Rn. 189.

[312] *Eichhofer*, in: *Kühne/Esser/Gerding*, Völkerstrafrecht, S. 5.

[313] *v.Schorlemer*, Kulturgutzerstörung, S. 707; Europäisches Parlament, Entschliessungsantrag vom 21.11.2016, B8-1254/2016.

[314] Statement of the Prosecutor of the International Criminal Court, Fatou Bensouda, on the alleged crimes committed by ISIS, ICC Weekly Update 239, 6 to 10 April ICC-PIDS-WU-239/15_Eng, S. 3.

[315] Siehe: Entwurfsresolution des UN-Sicherheitsrates, UN-Doc. S/2014/348 vom 22. Mai 2014.

[316] Siehe: Entwurfsresolution des UN-Sicherheitsrates, UN-Doc. S/2017/172 vom 28. Februar 2017.

2. Strafbarkeit wegen Kriegsverbrechen, Verbrechen gegen die Menschlichkeit und Völkermord

Abgesehen vom Kulturschutzaspekt könnten, nach Einschreiten des IStGH, Mitglieder des IS wegen Kriegsverbrechen, Verbrechen gegen die Menschlichkeit, sowie wegen Völkermordes bestraft werden.[317]

3. Verbrechen aufgrund der Zerstörung und der Verschleppung von Kulturgütern

Es ist wichtig zu erkennen, dass Verbrechen am Kulturgut auch Bestandteil der Entscheidungen und Möglichkeiten des IStGH und dessen Strafbarkeiten sein müssen. Dabei müssen höhere Strafrahmen als Mittel der Abschreckung angewandt werden. Nicht nur das Verbrechen an materiellen Kulturgütern, sondern auch der immaterielle Schaden an solchen sind immens.

Auch wenn einige Konventionen entwickelt wurden, damit die Staaten den Kulturgüterschutz fördern, so sind die Sanktionen schwach ausgeprägt. Grundsätzlich fehlt es an Durchsetzungsinstrumenten, die auch solche Sanktionen verhängen können.[318]

Aus diesem Grund gibt es wenig Möglichkeiten die Zerstörung von Kulturgütern durch den IStGH zu sanktionieren.

a) Der Kulturgüterschutz als Bestandteil des Kriegsverbrechens und das Verbrechen gegen die Menschlichkeit

Sowohl die Haager Landkriegsordnung, als auch die Haager Konvention sanktionieren die Verschleppung und Zerstörung von Kulturgütern unzureichend. Daraus könnte sich die Option entwickeln, dass die Tatbestände der Kriegsverbrechen erweitert werden. Gemäß Art. 8 IStGH-Statut bedeuten Kriegsverbrechen schwere Verletzungen der Genfer Abkommen vom 12. August 1949. Also sind Kriegsverbrechen völkerrechtswidrige Taten, welche von Angehörigen einer Streitmacht an den Angehörigen des Gegners oder neutralen Dritten begangen werden.[319]

Zu berücksichtigen ist hierbei jedoch, dass der Begriff des Kulturguts im IStGH-Statut keine Erwähnung findet.[320] In der Haager Konvention sowie der Haager

---

317 Mehr dazu: *v.Schorlemer*, Kulturgutzerstörung, S. 707 f.

318 *Gottlieb*, Penn State International Law Review, S. 872.

319 *Hess*, Die rechtliche Aufarbeitung von Kriegsverbrechen und schwerwiegenden Menschenrechtsverletzungen, S. 1.

320 *v.Schorlemer*, Kulturgutzerstörung, S. 721.

Landkriegsordnung sind nur eine überschaubare Kategorie von Kulturgütern aufgezählt. In Bezug auf die Definition des Kulturguts ist dies nicht ausreichend.[321]

Nach Art. 8 IStGH-Statut sind die Voraussetzungen zur Erfüllung dieses Tatbestandes sehr hoch. Hier wird aber verkannt, dass die Anforderungen Kulturgüter zu schützen auch sehr hoch sein müssen. Vor allem immaterielles Kulturerbe hat für den Menschen einen bedeutenden Wert. Dieses muss, soweit es Sanktionen nach sich zieht, explizit geregelt werden. Daher muss die Weiterentwicklung des Schutzgegenstandes im Sinne einer Bekräftigung des modernen Kulturerbes in einer bestimmten Weite ausgedehnt werden.[322]

Nach *Gottlieb* muss die Verletzung von Kulturgütern sowohl bei Kriegsverbrechen nach Art. 8 IStGH-Statut als auch bei Verbrechen gegen die Menschlichkeit nach Art. 7 IStGH-Statut ergänzt werden.[323] Unter Berücksichtigung darauf, dass keine Regelungen bezüglich des Missbrauchs der Kulturgüter zu militärischen Zwecken existieren, könnte eine Erweiterung der Kriegsverbrechen diesen Schutz fördern.[324] Damit würde der Kulturgüterschutz sowohl bei Kriegs- als auch bei Friedenszeiten Anwendung finden.

In Anlehnung an die Zeit als die Nationalsozialisten sowie die Russen Plünderungen durchführten, ist eine Abgrenzung zwischen Kriegsverbrechen und Verbrechen gegen die Menschlichkeit notwendig. Während die systematische Plünderung in der Kriegszeit als Kriegsverbrechen gewertet werden können, ist dies bei Verbrechen gegen die Menschlichkeit nicht möglich. In diesem Gebiet kann nicht jede Wegnahme eines Kulturguts auch als Verbrechen gegen die Menschlichkeit gewertet werden.[325]

Der Unterschied liegt darin, dass bei Verbrechen gegen die Menschlichkeit auch eine der Voraussetzungen aus Art. 7 IStGH-Statut vorliegen muss. Die Wegnahme bzw. die Zerstörung der Kulturgüter allein ist so nicht ausreichend. Ein solches Verbrechen kann nur vorliegen, wenn der Kerngehalt einer gemeinsamen Werteordnung der verschiedenen Kulturkreise auf der ganzen Welt angegriffen wird.[326] Zum jetzigen Zeitpunkt fällt die Zerstörung von Kulturgütern einer bestimmten Gruppe zwar unter den völkerrechtlichen Straftatbestand einer „Verfolgung“, aber nicht unter den des Völkermordes.[327]

---

321 Siehe B. II. 6.

322 *v.Schorlemer*, Kulturgutzerstörung, S. 721.

323 *Gottlieb*, Penn State International Law Review, S. 883.

324 *v.Schorlemer*, Kulturgutzerstörung, S. 723.

325 *Hartung*, Kunstraub in Krieg und Verfolgung, S. 221.

326 *Feldmann*, Das Verbrechen gegen die Menschlichkeit, S. 40.

327 *Odendahl*, Kulturgüterschutz, S. 208.

Angesichts des IS wird wiederum deutlich, dass stärkere Sanktionen notwendig sind. Durch die Zerstörung von Palmyra und Aleppo wurde weltweit die Kernsubstanz einer gemeinsamen Werteordnung verletzt. Die Zerstörung Jahrtausendealter Kulturgüter in Bezug auf die Menschenrechtsverletzungen, die dort offensichtlich stattfinden, ist als ein Verbrechen gegen die Menschlichkeit anzunehmen. Und mit ihr natürlich auch die Kriegsverbrechen.

Insgesamt ist aber festzustellen, dass ohne eine Ergänzung dieser beiden Tathandlungen der Kulturgüterschutz nicht in einem hohen Maß sanktioniert werden kann. Die internationale Staatengemeinschaft muss das Statut des IStGH erweitern und sowohl bei Kriegsverbrechen als auch bei Verbrechen gegen die Menschlichkeit die Zerstörung der Kulturgüter miteinbringen. Verbrechen gegen die Menschlichkeit gerade deshalb, weil teilweise ein großer immaterieller Wert besteht, der auch geschützt werden muss.

b) Kultureller Genozid

In den letzten Jahrzehnten ist Begriff des „kulturellen Genozids“ oftmals gefallen. Der kulturelle Genozid bezieht sich dabei auf die besondere Art und Weise der Zerstörung des Kulturaspekts.[328] Aus diesem Grund sind davon alle Handlungen einbegriffen, die von der Absicht getragen sind, eine fremde Kultur ganz oder teilweise zu zerstören.[329] Während der Entwurfsarbeiten zur Völkermordkonvention von 1948[330] kam früh der Diskurs darüber auf, ob auch der kulturelle Genozid mit in den Völkermordtatbestand aufgenommen werden sollte. Danach hieß es: „(...) Affirms that genozide is a crime under international which the civilized world condemns, and for the commission of which principals and accomplices - whether private individuals, public officials or statesmen, and whether the crime is committed on religious, racial, political or any other grounds – are punishable“.[331]

Der kulturelle Genozid hätte nunmehr unter „any other grounds“ subsumiert werden können. Beim Abschluss der Entwurfsarbeiten wurde dieser Begriff allerdings nicht mehr eingesetzt. Nach Art. 6 IStGH-Statut wird genau festgelegt was unter den Völkermordtatbestand fällt. Die Verschleppung und Zerstörung von Kulturgütern fällt nicht darunter.

---

328 *Hartung*, Kunstraub in Krieg und Verfolgung, S. 227.

329 *Selbmann*, Der Tatbestand des Genozids im Völkerstrafrecht, S. 219.

330 Generalversammlung der Vereinten Nationen, Resolution 260 A (III) vom 9. Dezember 1948.

331 GA Resolution A/RES/96(I), GAOR, 1st Session, UN Doc. A/64/Add.1 vom 11. Dezember 1946.

Trotz sukzessiver Möglichkeiten, hat es die internationale Staatengemeinschaft versäumt die Definition des Völkermordes auf die gezielte Zerstörung von Kulturgütern auszudehnen.[332] Andere hingegen sind der Meinung, dass in der gezielten Zerstörung von Kulturgütern, um den Gruppen ihre kulturelle Identität zu nehmen, ein kulturellen Genozid erfolgt, der unter den Tatbestand des Völkermordes gefasst wird.[333]

In Anwendung auf die Geschehnisse beim IS wird deutlich, dass die kulturelle Zerstörung nicht nur auf einer physischen Ebene basieren kann. Die Zerstörung der kulturellen Identität ist gerade das Ziel des IS. Es soll ein Kalifat errichten werden, indem nur eine Kultur existieren soll. Die kulturelle Vielfalt, die beispielsweise Syrien umgab, soll ausgelöscht werden. In Anbetracht der verheerenden Zerstörungswut und der Folgen, die unabsehbar hoch sind, sowie das Ziel Kulturen auszulöschen, lassen eine Anwendbarkeit des kulturellen Genozids für notwendig erscheinen. Der IS zielt gerade darauf ab andere Kulturen auszulöschen.

Die Frage, ob diese Taten hätten verhindert werden können, wenn bei der Völkermordkonvention von 1948 der Tatbestand der Kulturgutzerstörung eingeführt worden wäre, ist zweifelhaft. Es hätte aber eine gewisse Abschreckungsfunktion besessen, welche die Verschleppung und Zerstörung gegebenenfalls hätte eindämmen können.

Insgesamt geht der Begriff des kulturellen Genozids sehr weit. Eine detaillierte Ausarbeitung dieser Frage würde den Umfang dieser Arbeit überschreiten.[334]

c) Verbrechen an Kulturgut als eigener Tatbestand

In Anbetracht der massiven Zerstörungen und Verschleppungen der Kulturgüter in den letzten Jahrzehnten, ist es einleuchtend, dass der Schutz der vorsätzlichen Zerstörung von Kulturgütern schärfere Maßnahmen benötigt.[335]

Wie dargestellt, ist eine Ergänzung des IStGH-Status hierfür erforderlich. Zudem könnte dem Kulturgüterschutz auch ein eigener Straftatbestand gewidmet werden. In diesem sollten nicht nur materielle, sondern auch immaterielle Kulturgüter geschützt werden. Dabei wäre es sinnvoll, mehr auf die beweglichen Kulturgüter ein-

332 *Vrdoljak*, Cultural Heritage in Human Rights and Humanitarian Law, S. 62.

333 *Odendahl*, Kulturgüterschutz, S. 207.

334 Mehr dazu: *v.Schorlemer*, Kulturgutzerstörung, S. 687 ff.

335 *v.Schorlemer*, Kulturgutzerstörung, S. 717.

zugehen.[336] Problematisch ist jedoch, dass in Art. 8 IStGH-Statut die beweglichen Kulturgüter keine Erwähnung finden.[337]

Mitunter stellt sich die Frage inwieweit der Kulturgüterbegriff in einem eigenen Tatbestand ausgedehnt werden kann. Der Wortlaut muss eindeutig sein. Er muss auch die Definition des Kulturguts beinhalten, um festlegen zu können, was genau geschützt werden muss. Vor allem müssen Regelungen für bewegliche und immaterielle Kulturgüter entworfen werden, die harte Sanktionen nach sich ziehen.

d) Anwendungsbeispiel: Die Staatsanwaltschaft gegen Al Mahdi

Als Anwendungsbeispiel ist hier die Entscheidung des IStGH im Fall von Ahmad Al Faqi Al Mahdi[338] zu nennen.

Diese Entscheidung gilt als der bislang kürzeste Prozess des IStGH. Von der UNESCO waren die mittelalterlichen Mausoleen und Moscheen in Timbuktu vor ihrer Zerstörung als Weltkulturerbe ausgezeichnet worden, für dessen Zerstörung Al Mahdi verantwortlich war. Das Gericht wertete die Handlungen Al Mahdis als Kriegsverbrechen[339] und verurteilte ihn zu neun Jahren Freiheitsstrafe. Hierbei stützt sich der IStGH bei der Entscheidung auf Art. 8 II lit. e iv IStGH-Statut.

Dieses Urteil zeigt die ersten Tendenzen in Richtung Sanktionen bezüglich der Zerstörung von Kulturgütern. Aber auch im Umkehrschluss ist erkennbar, dass der IStGH nur solche Entscheidungen fällen kann, soweit diese auf gesetzlicher Grundlage beruhen. Im Fall von Al Mahdi wurde nur wegen den unbeweglichen Kulturgütern ein Kriegsverbrechen angenommen. Bewegliches, sowie immaterielles Kulturgut ist in der Entscheidung nicht genannt. Dies wiederum zeigt, dass zwar positive Tendenzen erkennbar sind, aber das IStGH-Statut noch erweitert werden muss.

VII. Weitere Maßnahmen

Soweit das Völkerrecht in seiner jetzigen Form nicht greifen sollte, sind über weitere Maßnahmen nachzudenken, die den Kulturgüterschutz fördern können.

---

336 *v.Schorlemer,* Kulturgutzerstörung, S. 720.

337 *Pabst,* Kulturgüterschutz in nicht-internationalen bewaffneten Konflikten, S. 343; *v.Schorlemer,* Kulturgutzerstörung, S. 720; Siehe oben: E. VI .3. a).

338 International Criminal Court, No.: ICC-01/12-01/15 vom 27. September 2016.

339 Auszug aus der eben genannten Entscheidung: „On 17 December 2015, the Office of the Prosecutor ('Prosecution') filed its document containing the charge. It contained a single charge alleging that Mr Al Mahdi is responsible for the war crime of attacking protected objects under Article 8(2)(e)(iv) of the Statute".

1. Bündnis

Eine weitere Möglichkeit den Kulturgüterschutz zu fördern wäre ein Bündnis der Nationen untereinander. So haben sich Ägypten, Saudi Arabien, Arabische Emirate, Irak, Jordanien, Kuwait, Libanon, Libyen, Sudan, und der Sultan von Oman verbunden, um den Handel mit verschleppten Kulturgütern zu bremsen und dies untereinander zu koordinieren.[340] Ein solches Bündnis ist auf internationaler Ebene zu honorieren, da es dazu führen kann, dass die Verschleppung sowie Zerstörung gedämmt wird.

2. Bessere Grenzkontrollen

Auch die Grenzkontrollen müssen intensiver durchgeführt werden. Vor allem über die türkische Grenze geraten einige Kulturgüter nach Europa, wo ein Zuwachs des Handels zu erkennen ist. Diese Grenzkontrollen bedürfen aber einer systematischen Koordinierung. Zum Beispiel eine erweiterte „Rote Liste" sowie eine Liste der Kulturgüter, die aus Syrien und Irak stammen könnten, müssen in einer Datenbank hinterlegt werden, sodass die Überprüfung transparent erfolgen kann. Dabei geht es nicht nur um die türkische Grenze, sondern um alle angrenzenden Staaten.

3. Ein gemeinsames Verständnis von Recht

Ein gemeinsames Verständnis von dem Völkerrecht muss gewährleistet werden. Die internationale Staatengemeinschaft muss verstehen, dass der Schutz von Kulturgütern nicht auf einem Staat oder einer Kultur lasten kann, sondern ein gemeinsames Ziel sein muss. Die verschleppten und zerstörten Kulturgüter sind Teile der Vergangenheit der Menschheit auf einer globalen Ebene. Das Völkerrecht muss dahingehend aktualisiert werden, dass ein gewisses gemeinsames Verständnis und eine Schutzpflicht greift, die den Kulturgüterschutz aus einer Selbstverständlichkeit heraus fördert.

340 The Cairo Declaration vom 14. Mai 2015.

F. Sechster Teil: Zusammenfassung der Ergebnisse

Zum Schluss soll ein Gesamtüberblick verschafft, und die aufgeworfenen Problematiken nochmals zusammengefasst werden.

Zunächst ist der Kulturgüterbegriff zu klären. Kulturgüter sind bewegliche oder unbewegliche Gegenstände, die dem öffentlichen Interesse unterliegen, und für die Menschheit einen großen historischen, künstlerischen, wissenschaftlichen und archäologischen Wert haben. Der Kulturgüterbegriff besteht daher dogmatisch aus einem formaljuristischen und materiellen Teil.

Sodann galt es die völkerrechtliche Haftung bei Verschleppungen zu ermitteln.

Es musste sich also um Völkerrechtssubjekte handeln. Die Staatenverantwortlichkeit wird durch die Deliktsfähigkeit von Staaten und Individuen festgelegt. Dabei ist zu beachten, dass sowohl Staaten als auch Individuen passiv deliktsfähig sind. Der Staat muss auch für seine Organe haften. Außerdem ist das Einbehalten von Kulturgütern zwecks Reparationen nicht möglich. Eine Verjährung bezüglich des Kulturgüterschutzes ist bei Verschleppungen auch nicht anzunehmen.

Zudem war die Zerstörung von Kulturgütern auch den jeweiligen Staaten zuzurechnen.

Es existieren völkerrechtliche Rechtsgrundlagen, die auch eine Haftung auslösen. Erkennbar ist, dass sich in der Staatengemeinschaft eine Ächtung für die Zerstörung von Kulturgütern entwickelt hat. Aus dieser Ächtung heraus, wird der Kulturgüterschutz immer weiterentwickelt. Gerade deshalb war es auch so schwierig, einen einheitlichen Kulturgüterbegriff festzulegen.

Der „Islamische Staat“ ist kein Staat im völkerrechtlichen Sinne. Daher greifen die völkerrechtlichen Normen für einen Verstoß gegen den Kulturgüterschutz nicht. Problematisch ist auch, dass der IS auf irakischem und syrischem Boden herrscht. Ohne die Zustimmung beider Staaten ist eine militärische Intervention nicht möglich, soweit der internationale Frieden nicht gestört ist. Völkerrechtlich sind daher die Schutzmaßnahmen stark beschränkt.

Bezüglich des Kulturgüterhandels sind einschlägige völkerrechtliche Normen vorhanden. Ein gemeinsames Ziel der Staatengemeinschaft muss es sein den Handel einzudämmen. Die UNESCO hat diesbezüglich wegen der Taten in Bamiyan oder auch des IS, Resolutionen entwickelt, die zur Eindämmung des Handels beitragen. Trotzdem ist der Kulturgüterhandel ein großes Finanzierungsinstrument des „Islamischen Staates“.

Völkerstrafrechtlich ist die Sanktionierung größtenteils zu milde beziehungsweise nicht vorliegend. Die Zerstörung von Kulturgütern bedeutet die Auslöschung eines Teils der Geschichte. Es ist ein globales Interesse, dass die Vergangenheit der Menschheit gewahrt wird. Um einzelne abzuschrecken und den Kulturgüterschutz zu fördern sind höhere Sanktionierungen notwendig. Dies muss in naher Zukunft erfolgen.

Bei einem Gesamtüberblick wird deutlich, dass die Anwendung des geltenden Völkerrechts theoretisch durchaus Schutzmaßnahmen für Kulturgüter begründet. Praktisch fehlt es allerdings an der nötigen Durchschlagskraft, sodass viele völkerrechtswidrige Taten dennoch geschehen können. Es ist nicht zu erwarten, dass sowohl das Völkerrecht als auch die Vereinten Nationen allein dieses Problem in den Griff kriegen. Eine staatenübergreifende Schutzmaßnahme und vor allem die Unterstützung der UNESCO, die sich seit Jahrzehnten mit dem Weltkulturerbe beschäftigt, sind erforderlich. Dennoch ist, bezüglich des Kulturgüterschutzes, das Völkerrecht das stärkste Mittel und muss deshalb auch gefördert werden.

Literaturverzeichnis

Ago, Roberto Yearbook of the International Law Commission, Documents of the twenty-third session: Reports of the Special Rapporteurs and report of the Commission to the General Assembly, Volume II, Part One, 1971 (zit.: *Ago*, YBILC, 1971 II/1 S.).

Albert, Marie-Therese / Ringbeck, Birgitta 40 Jahre Welterbekonvention: Zur Popularisierung eines Schutzkonzeptes für Kultur- und Naturgüter (Heritage Studies), 2015 (zit.: *Albert/Ringbeck*, 40 Jahre Welterbekonvention, S.).

Arnauld, Andreas von Völkerrecht, 3. Auflage, 2016 (zit.: *v.Arnauld*, Völkerrecht, Rn.).

Baufeld, Stefan Kulturgutbeschlagnahmen in bewaffneten Konflikten, ihre Rückabwicklung und der deutsch-russische Streit um die sogenannte Beutekunst, 2005 (zit.: *Baufeld*, Kulturgutbeschlagnahme, S.).

Bila, Jacqueline Nationaler Kulturgüterschutz in der Europäischen Union, Dissertation, 1997 (zit.: *Bila*, Nationaler Kulturgüterschutz in der Europäischen Union, Diss., S.).

Bleckmann, Albert Völkerrecht, 2001 (zit.: *Bleckmann*, Völkerrecht, Rn.).

Buhse, Karl-Heinrich Der Schutz von Kulturgut im Krieg. Unter besonderer Berücksichtigung der Konvention zum Schutze des Kulturguts im Falle eines bewaffneten Konfliktes vom 14. Mai 1954, 1959 (zit.: *Buhse*, Der Schutz von Kulturgut im Krieg, S.).

Burchardt, Hans-Jürgen / Peters, Stefan Der Staat in globaler Perspektive, Zur Renaissance der Entwicklungsstaaten, 2015 (zit.: *Burchardt/Peters*, Der Staat in globaler Perspektive, S.).

Carnahan, Burrus M. The american Journal of International War, Lincoln, Lieber and the laws of War: The origins and limits of the Principle of Military Necessity, Vol 92, No.2 (Apr.1998), S. 213-231 (zit.: *Carnahan*, Lincoln, Lieber and the laws of War, S.).

Cockburn, Patrick The Rise of Islamic State: ISIS and the New Sunni Revolution, 2015 (zit.: *Cockburn*, The Rise of Islamic State: ISIS and the New Sunni Revolution, S.).

David, Eric La responsabilité internationale de l'Etat après l'aff. Bosnie c/ Serbie, in: *Fischer-Lescano, Andreas / Gasser, Hans-Peter / Marauhn, Thilo / Ronzitti, Natalino,* Frieden in Freiheit, Peace in liberty, Paix en liberté. Festschrift für Michael Bothe, 2008, S. 865 ff. (zit.: *David,* La responsabilité internationale de l'Etat après l'aff. Bosnie c/ Serbie, in: FS Bothe, S.).

Delbrück, Jost / Wolfrum, Rüdiger in: *Dahm, Georg* (Bgr.), Völkerrecht, Der Staat und andere Völkerrechtssubjekte; Räume unter internationaler Verwaltung, Band I/2, 2. Auflage, 2002 (zit.: *Delbrück/Wolfrum*, in: *Dahm*, Völkerrecht, Bd. I/2, S.).

Delbrück, Jost / Wolfrum, Rüdiger in: *Dahm, Georg* (Bgr.), Völkerrecht, Die Formen des völkerrechtlichen Handelns; Die inhaltliche Ordnung der internationalen Gemeinschaft, Band I/3, 2. Auflage, 2002 (zit.: *Delbrück/Wolfrum*, in: *Dahm*, Völkerrecht, Bd. I/3, S.).

Dolzer, Rudolf Kompensatorische Restitution?, in: Neue Juristische Wochenschrift, 2000, S. 560-562 (zit.: *Dolzer*, NJW 2000, S.).

Dörr, Oliver „Privatisierung" des Völkerrechts, in: Juristenzeitung, 2005, S. 905-916 (zit.: *Dörr*, JZ, S.).

Engstler, Ludwig Die Kennzeichnung von Kulturgut nach der Haager Konvention von 1954 zum Schutz von Kulturgut bei bewaffneten Konflikten, in: Neue Juristische Wochenschrift, 1969, S. 1514-1518 (zit.: *Engstler*, NJW 1969, S.).

Engstler, Ludwig Die territoriale Bindung von Kulturgütern im Rahmen des Völkerrechts, Dissertation, 1964 (zit.: *Engstler*, Die territoriale Bindung von Kulturgütern, Diss., S.).

Fiedler, Wilfried Zur Entwicklung des Völkergewohnheitsrechts im Bereich des internationalen Kulturgüterschutzes, in: *Hailbronner, Kay / Ress, Georg / Stein, Torsten* (Hrsg.), Staat und Völkerrechtsordnung. Festschrift für Karl Doehring, 1989, S. 199 ff. (zit.: *Fiedler*, Zur Entwicklung des Völkergewohnheitsrechts im Bereich des internationalen Kulturgüterschutzes, in: FS Doehring, S.).

Fischer-Lescano, Andreas Subjektivierung völkerrechtlicher Sekundärregeln, Die Individualrechte auf Entschädigung und effektiven Rechtsschutz bei Verletzungen des Völkerrechts, in: Archiv des Völkerrechts, Band 45, 2007, S. 299-381 (zit.: *Fischer-Lescano*, AVR, S.).

Fitschen, Thomas Internationaler Schutz des kulturellen Erbes der Welt, Erklärungen zum Übereinkommen zum Schutz des Kultur- und Naturerbes der Welt vom 23.November 1972, in: *Fiedler, Winfried,* Internationaler Kulturgüterschutz und deutsche Frage, 1991, S. 191 ff. (zit.: *Fitschen,* in: *Fiedler*, Internationaler Kulturgüterschutz und deutsche Frage, S.).

Fleischhauer, Carl-August Verjährung, in: *Strupp, Karl / Schlochauer, Hans-Jürgen,* Wörterbuch des Völkerrechts, Band 3, 1962, S. 509 ff. (zit.: *Fleischhauer*, in: *Strupp/Schlochauer*, Wörterbuch, Band 3, S.).

Forrest, Craig J.S. The Doctrine of Military Necessity and the Protection of Cultural Property During Armed Conflicts, in: California Western International Law Journal, Vol. 37, No. 2, Article 2, S. 177 ff. (zit.: *Forrest*, The Doctrine of Military Necessity and the Protection of Cultural Property During Armed Conflicts, in: California Western International Law Journal, S.).

Francioni, Francesco / Lenzerini, Federico The Destruction of the Buddhas of Bamiyan and International Law, in: European Journal of International Law, 2003, Volume 14, No.4, S. 613-651 (zit.: *Francioni/Lenzerini*, EJIL 2003, S.).

Freytag, Christiane „Cultural Heritage": Rückgabeansprüche von Ursprungsländern auf „ihr" Kulturgut?, in: *Fechner, Frank / Oppermann, Thomas / Prott, Lyndel von* (Hrsg.), Prinzipien des Kulturgüterschutzes, Ansätze im deutschen, europäischen und internationalen Recht, 1996, Volume 14, No.4, S. 175 ff. (zit.: *Freytag*, in: *Fechner/Oppermann/Prott*, Prinzipien des Kulturgüterschutzes, S.).

Friehe, Matthias Völkerrechtliche Haftung im Kulturgüterschutzrecht, Zugleich ein Beitrag zur Raub- und Beutekunstproblematik, in: *Gornig, Gilbert / Schiller, Theo / Wesemann Wolfgang*, 2013 (zit.: *Friehe* in: *Gornig/Schiller/Wesemann*, Völkerrechtliche Haftung im Kulturgüterschutzrecht, S.).

Gordon, John B. The UNESCO Convention on the Illicit Movement of Art Treasures in: Harward International Law Journal, Vol.12, 1971, S. 537-556 (zit.: Gordon, Harward International Law Journal, S.).

Gornig, Gilbert-Hanno Der internationale Kulturgüterschutz, in: *Gornig, Gilbert-Hanno / Horn, Hans-Detlef / Murswiek, Dietrich* (Hrsg.), Kulturgüterschutz – internationale und nationale Aspekte, 2007, S. 17 ff. (zit.: *Gornig* in: *Gornig/Horn/Murswiek*, Der internationale Kulturgüterschutz, S.).

Gornig, Gilbert-Hanno Eigentum und Enteignung im Völkerrecht unter besonderer Berücksichtigung von Vertreibungen, 2010 (zit.: *Gornig*, Eigentum und Enteignung S.).

Gottlieb, Yaron Criminalizing Destruction of Cultural Property: A Proposal for Defining New Crimes under the Rome Statute of the ICC in: Penn State International Law Review, Vol.23, Number 4, 2005, S. 857-896 (zit.: Gottlieb, Penn State International Law Review, S.).

Greenfield, Jeanette The Return of Cultural Treasures, Third Edition, 3. Auflage, 2013 (zit.: *Greenfield*, The Return of Cultural Treasures, S.).

Greenwood, Christopher Geschichtliche Entwicklung und Rechtsgrundlagen in: *Fleck, Dieter*, Handbuch des humanitären Völkerrechts in bewaffneten Konflikten, 1994, S. 15 ff. (zit.: *Greenwood* in: *Fleck*, Handbuch des humanitären Völkerrechts in bewaffneten Konflikten, S.).

Hartung, Hannes Kunstraub in Krieg und Verfolgung, Die Restitution der Beute- und Raubkunst im Kollisions- und Völkerrecht, 2005 (zit.: *Hartung*, Kunstraub in Krieg und Verfolgung, S.).

Heißner, Stefan / Neumann Peter R. / Holland-McCowan John / Basra, Rajan, Studie: Caliphate in Decline: An Estimate of Islamic State's Financial Fortunes, 2017 (zit.: *Heißner/Neumann/Holland-McCowan/Basra*, Studie: Caliphate in Decline: An Estimate of Islamic State's Financial Fortunes).

Herdegen, Matthias Der Kulturgüterschutz im Kriegsvölkerrecht, in: *Dolzer, Rudolf / Jayme, Eric / Mußgnug Reinhard*, Rechtsfragen des internationalen Kulturgüterschutzes, Symposium vom 22./23. Juni 1990 im Internationalen Wissenschaftsforum Heidelberg, 1994, S. 161-173 (zit.: *Herdegen*, in: *Dolzer/Jayme/Mußgnug*, Rechtsfragen des internationalen Kulturgüterschutzes, S.).

Herdegen, Matthias Geschäftsführung ohne Auftrag (negotiorum gestio) im Völkerrecht, in: *Hailbronner, Kay / Ress, Georg / Stein, Torsten* (Hrsg.), Staat und Völkerrechtsordnung. Festschrift für Karl Doehring, 1989, S. 303 ff. (zit.: *Herdegen*, Geschäftsführung ohne Auftrag (negotiorum gestio) im Völkerrecht, in: FS Doehring, S.).

Herdegen, Matthias Völkerrecht, Ein Studienbuch, 16. Auflage, 2016 (zit.: *Herdegen*, Völkerrecht, § , Rn.).

Hess, Christine Die rechtliche Aufarbeitung von Kriegsverbrechen und schwerwiegenden Menschenrechtsverletzungen – eine Analyse aus der Perspektive der Opfer, 2007 (zit.: *Hess*, Die rechtliche Aufarbeitung von Kriegsverbrechen und schwerwiegenden Menschenrechtsverletzungen, S.).

Hipp, Anette Schutz von Kulturgütern in Deutschland, Schriften zum Kulturgüterschutz / Cultural Property Studies, 2000 (zit.: *Hipp*, Schutz von Kulturgütern in Deutschland, S.).

Hobe, Stephan Einführung in das Völkerrecht, 9. Auflage, 2008 (zit.: *Hobe*, Einführung in das Völkerrecht, S.).

Hönes, Ernst-Rainer Zum Kuturbegriff der Haager Konventionen von 1899 bis heute, in: Die öffentliche Verwaltung, Zeitschrift für öffentliches Recht und Verwaltungswissenschaft, 1998, S. 985-995 (zit.: *Hönes*, DÖV, 1998, S.).

Hönes, Ernst-Rainer Zur Ratifizierung des Zweiten Protokolls von 1999 zur Haager Konvention zum Schutz von Kulturgut von 1954, in: Die öffentliche Verwaltung, Zeitschrift für öffentliches Recht und Verwaltungswissenschaft, 2008, S. 911-916 (zit.: *Hönes*, DÖV, 2008, S.).

Ipsen, Knut Völkerrecht, Ein Studienbuch, 6. Auflage, 2014 (zit.: *Bearbeiter*, in: *Ipsen*, Völkerrecht, § , Rn.).

Irmscher, Tobias H. Kulturgüterschutz im humanitären Völkerrecht, in: *Gornig, Gilbert-Hanno / Horn, Hans-Detlef / Murswiek, Dietrich* (Hrsg.), Kulturgüterschutz – internationale und nationale Aspekte, 2007, S. 65 ff. (zit.: *Irmscher* in: *Gornig/Horn/Murswiek*, Der internationale Kulturgüterschutz, S.).

Jaeger, Andrea Internationaler Kulturgüterschutz, in: *Böckstiegel, Karl-Heinz (Hrsg.)*, Internationales Wirtschaftsrecht, Band 11, 1993 (zit.: *Jaeger*, Internationaler Kulturgüterschutz, S.).

Jakubowski, Andrzej State Succession in Cultural Property, 2015 (zit.: *Jakubowski*, State Succession in Cultural Property, S.).

Jellinek, Georg Allgemeine Staatslehre, 3. Auflage, 1914 (zit.: *Jellinek*, Allgemeine Staatslehre, S.).

Jenschke, Christoph Der völkerrechtliche Rückgabeanspruch auf in Kriegszeiten widerrechtlich verbrachte Kulturgüter, 2005 (zit.: *Jenschke*, Der völkerrechtliche Rückgabeanspruch, S.).

Kempen, Bernhard / Hillgruber, Christian Völkerrecht, 2. Auflage, 2012 (zit.: *Bearbeiter in: Kempen/Hillgruber*, Völkerrecht, S.).

Khella, Karam Syrien: Von der Wiege der Menschheit bis zur Krise - mit Abriß der Langzeitgeschichte Syriens, 2012 (zit.: *Khella*, Syrien - von der Wiege der Menschheit bis zur Krise, S.).

Kühne, Hans-Heiner (Hrsg) / Esser, Robert (Hrsg) / Gerding, Marc (Hrsg) Völkerstrafrecht, 2007 (zit.: Bearbeiter in: *Kühne/Esser/Gerding*, Völkerstrafrecht, S.).

Kunig, Philip Das völkerrechtliche Delikt, in: Juristische Ausbildung, 1986, S. 344-352 (zit.: *Kunig*, Jura, 1986, S.).

Kunig, Philip Völkerrecht und Risiko, in: Juristische Ausbildung, 1996, S. 593-598 (zit.: *Kunig*, Jura, 1996, S.).

Lister, Charles R. The Syrian Jihad, Al-Qaeda, the Islamic State and the Evolution of an Insurgency, 2016 (zit.: *Lister*, The Syrian Jihad, S.).

Loudwin, Bernd Die konkludente Anerkennung im Völkerrecht. (Tübinger Schriften zum internationalen und europäischen Recht; TSR 10), 1983 (zit.: *Loudwin*, Die konkludente Anerkennung im Völkerrecht, S.).

Maier, Franz Georg Von Cornelius Sulla zu J. Paul Getty: Antiken als Raubkunst, in: *Frehner, Matthias* Das Geschäft mit der Raubkunst, Fakten, Thesen, Hintergründe, S. 25-31, 1998 (zit.: *Maier*, Von Cornelius Sulla zu J. Paul Getty: Antiken als Raubkunst, in: *Frehner*, Das Geschäft mit der Raubkunst, S.).

Manner, George The object theory of the individual in international law in: The American Journal of International Law, Volume 46, 1952 (zit.: *Manner*, AJIL 1952, S.).

Martin, Dieter Josef (Hrsg) / Krautzberger, Michael (Hrsg) Handbuch Denkmalschutz und Denkmalpflege: einschließlich Archäologie; Recht – fachliche Grundsätze – Verfahren – Finanzierung, 2010 (zit.: Bearbeiter in: *Martin / Krautzberger*, Handbuch Denkmalschutz und Denkmalpflege, Teil, Titel, Rn.).

Meng, Werner Internationale Organisationen im völkerrechtlichen Deliktsrecht, Band 45, 1985, S. 324-371 (zit.: *Meng*, ZaöRV, 1985, S.).

Menzel, Eberhard Völkerrecht, Ein Studienbuch, 1962 (zit.: *Menzel*, Völkerrecht, S.).

Merryman, John Henry The Public Interest in cultural Property in: California Law Review, Volume 77, 1989, S. 339-364 (zit.: *Merryman*, The Public Interest in cultural Property, Cal.LR Vol.77, S.).

Merryman, John Henry Two Ways of Thinking about Cultural Property: American Journal of International Law, Volume 80, 1986, S. 831-853 (zit.: *Merryman*, AJIL 1986, S.).

Münch, Ingo von Das völkerrechtliche Delikt in der modernen Entwicklung der Völkerrechtsgemeinschaft, 1963 (zit.: *v. Münch*, Das völkerrechtliche Delikt, S.).

Naji, Fawzy "Islamischer Staat" (IS): Entstehung, Ziele und Bekämpfung, 2015 (zit.: *Naji*, Islamischer Staat, S.).

Odendahl, Kerstin Der Schutz von Kulturgütern bei militärischen Konflikten auch aus privatrechtlicher Sicht, in: *Zimmermann, Andreas / Hobe, Stephan / Odendahl, Kerstin / Kieninger, Eva-Maria / König, Doris / Marauhn, Thilo / Thorn, Karsten / Schmalenbach, Kirsten*, Moderne Konfliktformen, Humanitäres Völkerrecht und privatrechtliche Folgen, 2010 (zit.: *Odendahl*, Der Schutz von Kulturgütern, in: *Zimmermann/Hobe/Odendahl/Kieninger/König/Marauhn/Thorn/Schmalenbach*, Moderne Konfliktformen, S.).

Odendahl, Kerstin Kulturgüterschutz, Entwicklung, Struktur, und Dogmatik eines ebenenübergreifenden Normensystems, 2005 (zit.: *Odendahl*, Kulturgüterschutz, S.).

Oppenheim, Lassa International Law: a treatise, Volume 1 - Peace, 1. Auflage, 1905 (zit.: *Oppenheim*, International Law, Vol. 1, S.).

Oppenheim, Lassa / Lauterpracht, Hersch International Law: a treatise, Volume 1 - Peace, 8. Auflage, 1955 (zit.: *Oppenheim/Lauterpracht*, International Law, Vol. 1, S.).

Pabst, Friederike Kulturgüterschutz in nicht-internationalen bewaffneten Konflikten. (Schriften zum Völkerrecht), 2008 (zit.: *Pabst*, Kulturgüterschutz in nicht-internationalen bewaffneten Konflikten, S.).

Pisillo-Mazzeschi, Riccardo The due Diligence Rule and the Nature of the International Responsibility of States, in: German Yearbook of International Law, Volume 35, 1992, S. 9-51 (zit.: *Pisillo-Mazzeschi*, GYIL, S.).

Raber, Hans Georg Das kulturelle Erbe der Menschheit, Bestandsaufnahmen und Perspektiven des internationalen Kulturgüterschutzes, Dissertation, 1994 (zit.: *Raber*, Das kulturelle Erbe der Menschheit, Diss., S.).

Roberts, Adam / Guelff, Richard Documents on the Laws of War, 3. Auflage, 2000 (zit.: *Roberts/Guelff*, Documents on the Laws of War, S.).

Rose, Ingo Entgrenzter Terror: Der „Islamische Staat" als Kalifat und globale Marke, Wissenschaftliche Dienste des deutschen Bundestags, Nr. 27/16 vom 29. November 2016 (https://www.bundestag.de/blob/482808/0182a6b66679ddade19251b5b5337556/entgrenzter-terror-data.pdf) (zit.: *Rose*, WD BT, Nr.27/16, S.).

Rudolf, Walter Internationaler Schutz von Kulturgütern, in: *Hailbronner, Kay / Ress, Georg / Stein, Torsten* (Hrsg.), Staat und Völkerrechtsordnung. Festschrift für Karl Doehring, 1989, S. 853 ff. (zit.: *Rudolf*, Internationaler Schutz von Kulturgütern, in: FS Doehring, S.).

Rudolph, Sabine Restitution von Kunstwerken aus jüdischem Besitz (Schriften zum Kulturgüterschutz / Cultural Property Studies), 2007 (zit.: *Rudolph*, Restitution von Kunstwerken, S.).

Said, Behnam T. Islamischer Staat, IS-Miliz, al-Qaida und die deutschen Brigaden, 2015 (zit.: *Said*, Islamischer Staat, S.).

Scharf, Michael P. How the War Against ISIS Changed International Law, in: Case Western Reserve Journal of International Law, Faculty Publications, 2016, S. 1-41 (zit.: *Scharf*, Case Western Reserve Journal of International Law, S.).

Schindler, Dietrich / Toman, Jiří The Laws of Armed Conflicts. A collection of Conventions, Resolutions and Other Documents, 1988 (zit.: *Schindler/Toman*, The Laws of Armed Conflicts, S.).

Schlochauer, Hans-Jürgen Die Entwicklung des völkerrechtlichen Deliktsrechts, in: Archiv des Völkerrechts, Band 16, 1974/1975, S. 239-277 (zit.: *Schlochauer*, AVR, S.).

Schoen, Susanne Der rechtliche Status von Beutekunst, Eine Untersuchung am Beispiel der aufgrund des Zweiten Weltkrieges nach Russland verbrachten deutschen Kulturgüter, 2004 (zit.: *Schoen*, Der rechtliche Status von Beutekunst, S.).

Schorlemer, Sabine von Der Schutz von Kulturerbestätten als Aufgabe der UN-Sicherheitspolitik, in: Zeitschrift Vereinte Nationen, Heft 1/2016, 2016, S. 3-8 (zit.: *v. Schorlemer*, DGVN 2016, S.).

Schorlemer, Sabine von Internationaler Kulturgüterschutz, Ansätze zur Prävention im Frieden sowie im bewaffneten Konflikt, 1992 (zit.: *v. Schorlemer*, Internationaler Kulturgüterschutz, S.).

Schorlemer, Sabine von Kulturgutzerstörung, Die Auslöschung von Kulturerbe in Krisenländern als Herausforderung für die Vereinten Nationen, 2017 (zit.: *v. Schorlemer*, Kulturgutzerstörung, S.).

Schorlemer, Sabine von Praxishandbuch UNO: Die Vereinten Nationen im Lichte globaler Herausforderungen, 2011 (zit.: *v. Schorlemer*, Praxishandbuch UNO, S.).

Schorlemer, Sabine von Stolen Art, in: German Yearbook of International Law, Volume 41, 1998, S. 317-343 (zit.: *v. Schorlemer*, GYIL, S.).

Schröder, Meinhard Verantwortlichkeit, Völkerstrafrecht, Streitbeilegung und Sanktionen, in: *Vitzthum, Wolfgang Graf* (Hrsg.), Völkerrecht, 5. Auflage, 2010 (zit.: *Schröder*, in: *Vitzthum*, Völkerrecht, S.).

Schweitzer, Michael Staatsrecht III, Staatsrecht, Völkerrecht, Europarecht, 10. Auflage, 2010 (zit.: *Schweitzer*, Staatsrecht III, Rn.).

Seibert-Fohr, Anja Die völkerrechtliche Verantwortung des Staats für das Handeln von Privaten: Bedarf nach Neuorientierung?, in: Zeitschrift für ausländisches öffentliches Recht und Völkerrecht, Band 73, 2013, S. 37-60 (zit.: *Seibert-Fohr*, ZaöRV, 2013, S.).

Seidl-Hohenveldern, Ignaz La protection internationale du patrimoine culturel national, in: Revue Generale de Droit International Public, 1993, S. 395-409 (zit.: *Seidl-Hohenveldern*, RGDIP, S.).

Selbmann, Frank Der Tatbestand des Genozids im Völkerstrafrecht, 2002 (zit.: *Selbmann*, Der Tatbestand des Genozids im Völkerstrafrecht, S.).

Shaw, Malcolm N. International Law, 6. Auflage, 2008 (zit.: *Shaw*, International Law, S.).

Stein, Torsten / Buttlar, Christian von / Kotzur, Markus Völkerrecht, 14. Auflage, 2017 (zit.: Stein/v. Buttlar/Kotzur, Völkerrecht, Rn.).

Strebel, Helmut Die Haager Konvention zum Schutze der Kulturgüter im Falle eines bewaffneten Konfliktes vom 14. Mai 1954, in: Zeitschrift für ausländisches öffentliches Recht und Völkerrecht, Band 16, 1955/1956, S. 35-75 (zit.: *Strebel*, ZaöRV, 1955/1956 S.).

Stumpf, Eva Kulturgüterschutz im internationalen Recht unter besonderer Berücksichtigung der deutsch-russischen Beziehungen, in: *Blumenwitz, Dieter* (Hrsg.), 2003 (zit.: *Stumpf*, Kulturgüterschutz im internationalen Recht, S.).

Sturm, Birgit Maria Aspekte der Novellierung des Kulturgutschutzes aus Sicht des Kunsthandels und der Sammler, in: Kunst und Recht, 2016, Ausgabe 3-4, S. 73-79 (zit.: *Sturm*, KuR 2016, S.).

Talmon, Stefan Kollektive Nichtanerkennung illegaler Staaten, Grundlagen und Rechtsfolgen einer international koordinierten Sanktion, Dargestellt am Beispiel der Türkischen Republik Nord-Zypern, 2006 (zit.: *Talmon*, Kollektive Nichtanerkennung illegaler Staaten, S.).

Turner, Stefan Das internationale Kulturgüterschutzrecht und die Zerstreuung des deutschen Kulturbesitzes nach dem Zweiten Weltkrieg, in: *Fiedler, Winfried,* Internationaler Kulturgüterschutz und deutsche Frage, 1991, S. 109 ff. (zit.: *Turner*, in: *Fiedler*, Internationaler Kulturgüterschutz und deutsche Frage, S.).

Unverhau, Kurt Der Schutz von Kulturgut bei bewaffneten Konflikten, 1955 (zit.: *Unverhau*, Der Schutz von Kulturgut bei bewaffneten Konflikten, S.).

Verdross, Alfred Völkerrecht, 5. Auflage, 1964 (zit.: *Verdross*, Völkerrecht, S.).

Verdross, Alfred / Simma, Bruno Universelles Völkerrecht, 3. Auflage, 1984 (zit.: *Verdross/Simma*, Universelles Völkerrecht, S.).

Vöneky, Silja Der Lieber's Code und die Wurzeln des modernen Völkerrechts, in: Zeitschrift für ausländisches öffentliches Recht und Völkerrecht, Band 62, 2002, S. 423-460 (zit.: *Vöneky*, ZaöRV, 2002, S.).

Vrdoljak, Ana Filipa Cultural Heritage in Human Rights and Humanitarian Law, Selected Works, 2009 (zit.: *Vrdoljak*, Cultural Heritage in Human Rights and Humanitarian Law, S.).

Wagner, Norbert B. Reine Staatslehre: Staaten, Fictitious States und das Deutschland-Paradoxon, 2015 (zit.: Wagner, Reine Staatslehre, S.).

Walter, Bernhard Rückführung von Kulturgut im Internationalen Recht, 1988 (zit.: Walter, Rückführung von Kulturgut, S.).

Werle, Gerhard / Jeßberger, Florian Völkerstrafrecht, 4. Auflage, 2016 (zit.: *Werle/Jeßberger*, Völkerstrafrecht, Rn.).

Winands, Günter / List, Melanie Das neue Kulturgutschutzgesetz, in: Kunst und Recht, 2016, Ausgabe 6, S. 198-206 (zit.: *Winands/List*, KuR 2016, S.).

Wüst, Anja Das völkerrechtliche Werk von Georges Scelle im Frankreich der Zwischenkriegszeit , 2007 (zit.: *Wüst*, Das völkerrechtliche Werk von Georges Scelle im Frankreich der Zwischenkriegszeit, S.).

Zeitler, Klaus Peter Deutschlands Rolle bei der völkerrechtlichen Anerkennung der Republik Kroatien unter besonderer Berücksichtigung des deutschen Außenministers Genscher, 2000 (zit.: *Zeitler*, Deutschlands Rolle bei der völkerrechtlichen Anerkennung der Republik Kroatien, S.).

Zemanek, Karl Schuld- und Erfolgshaftung im Entwurf der Völkerrechtskommission über Staatenverantwortlichkeit, Zugleich Bemerkungen zum Prozess der Kodifikation im Rahmen der Vereinten Nationen, in: *Diez, Emanuel / Monnier, Jean / Müller, Jörg P. / Reimann, Heinrich / Wildhaber, Luzius* (Hrsg.), Festschrift für Ruldolf Bindschedler, 1980, S. 315 ff. (zit.: *Zemanek*, Schuld- und Erfolgshaftung, in: FS Bindschedler, S.).

Zeitfracht Medien GmbH
Ferdinand-Jühlke-Straße 7
99095 Erfurt, Deutschland
produktsicherheit@kolibri360.de